# 改变世界的发明与创造

# 征服海洋

张顺燕 / 主编

吉林科学技术出版社

**图书在版编目（CIP）数据**

征服海洋 / 张顺燕主编. -- 长春：吉林科学技术
出版社, 2023.10
（改变世界的发明与创造）
ISBN 978-7-5744-0900-2

Ⅰ.①征… Ⅱ.①张… Ⅲ.①船舶技术—技术史—世
界—青少年读物 Ⅳ.①U66-091

中国国家版本馆CIP数据核字(2023)第191006号

# 征服海洋
ZHENGFU HAIYANG

| | |
|---|---|
| 主　　编 | 张顺燕 |
| 策 划 人 | 张晶昱 |
| 出 版 人 | 宛　霞 |
| 责任编辑 | 周　禹　宿迪超 |
| 封面设计 | 长春美印图文设计有限公司 |
| 制　　版 | 长春美印图文设计有限公司 |
| 幅面尺寸 | 170 mm×240 mm |
| 开　　本 | 16 |
| 印　　张 | 7 |
| 字　　数 | 105千字 |
| 印　　数 | 1—6 000册 |
| 版　　次 | 2023年10月第1版 |
| 印　　次 | 2023年10月第1次印刷 |
| 出　　版 | 吉林科学技术出版社 |
| 发　　行 | 吉林科学技术出版社 |
| 地　　址 | 长春净月高新区福祉大路5788号出版集团A座 |
| 邮　　编 | 130118 |

发行部电话/ 传真　0431-81629529　81629530　81629531
　　　　　　　　　　　　81629532　81629533　81629534
储运部电话　0431-86059116
编辑部电话　0431-81629520
印　　刷　吉林省创美堂印刷有限公司

书　　号　ISBN 978-7-5744-0900-2
定　　价　45.00元
如有印装错误　请寄出版社调换

亲爱的小读者，欢迎来到发明与创造的世界！希望这本书可以带领你们探索无限的可能，启发你们的创造力，并激励你们成为发明家和创新者。

这个时代是令人惊叹的科技时代，无数的科学家、工程师和发明家不断地突破边界，创造出了一个个改变世界的伟大发明。我们的手机、电脑、汽车以及航空器等，都是这些创新思维的产物。而你们作为未来的一代，将会继续推动科技的发展，为人类带来更多惊喜和便利。

我相信，在你们的思维力火花燃起时，世界将会因你们的发明而变得更加美好。我希望你们享受这次科学探索的旅程，尽情发挥你们的想象力，勇于挑战困难，勇敢地面对失败，因为正是通过这些过程，你们才能真正成长，并创造出改变世界的发明。

愿这本科普图书能够陪伴你们成长，在科学与创造的道路上指引你们前行。祝愿你们在这个令人兴奋的旅程中收获无尽的快乐和启示！

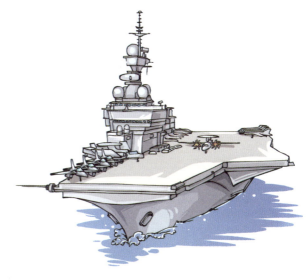

## 二、从玻璃容器到潜艇

## 三、从大木质球到潜水器

# 一、从浮木到航空母舰

人类面对宽阔的大河、无边的大海，如果想去河对岸、海那边，该怎么办？这时就需要借助船去渡过。起初人类根本无法制造出船来，但聪明的人类不断探索，不断发明，不断壮大，终于用浮木、芦苇制造出了船，制船业不断发展，造出的船不断升级，终于出现了如今各种各样的船只。

## 💬 从浮木到独木舟

古人发现，很多木头都能浮在水面，就想到借助于浮木，在水面漂浮。

独木舟出现了，不同时期出土的独木舟各不相同。

人们使用浮木的时间久了，就想到如果把浮木掏个洞，还可以载更多的东西。于是，古人用原始的工具或火烧的办法，将木头掏空，做成独木舟。在使用的过程中，人们发现独木舟中间挖得越多、越深，所能载的东西就越多。后来，独木舟凹槽逐渐增大，舟壳越来越薄，成了船的"老祖宗"。

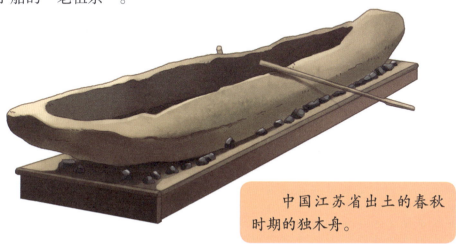

中国江苏省出土的春秋时期的独木舟。

不用说，越粗的独木挖出的凹槽越大，也越有利于人们利用其进行运输和航行。于是，人们开始尝试用一些巨型独木舟航海。

在更早的年代，新几内亚土著人用独木舟穿越了大约 70 千米的托雷斯海峡，到了澳大利亚。

1929 年，曾有人驾驶带帆的独木舟，用了 58 天的时间，横渡了大西洋。

早在 4000 年前，太平洋地区就有人乘着大型的独木舟首次穿越大洋。

## 木筏·纸莎草筏·竹筏·皮筏

筏，是用木材、竹竿并排编扎而成的水上交通工具，有些地方，现在还在使用。

古时候，人类看到树叶、枝杈等漂浮在水面，就有了把它们编扎起来的想法。

### 木筏

木筏，是将树木加工成原木，再将原木裁成适当的长度，用藤条捆扎成排制成的。人站在木筏上，用篙插入水中，用力推动木筏前进。

### 纸莎草筏

纸莎草是类似芦苇的一种植物，纸莎草筏是将纸莎草捆扎成一束束后，再绑扎而成的。生活在尼罗河沿岸的土著居民古埃及人，利用两岸茂盛的纸莎草或芦苇，扎成筏子到河里来捉鱼。

古埃及土著居民正在建造纸莎草筏。

随着时代的发展，竹筏的捆扎越来越科学与完美。

## 竹筏

竹筏，也叫竹排，用几根长长的青竹编排捆扎而成。它是水上的交通工具，渔民利用它在水中捕鱼。

## 皮筏

皮筏，是用羊皮制成的充气筏。制作皮筏需要将整张羊皮剥下，晒干、浸油，将头、尾和四肢扎紧，再吹气，鼓起来后可以当船用。有时候会将很多张羊皮合起来制成大皮筏，载的东西会更多。

应该说，独木舟、筏，都是最古老的船，是船的鼻祖，船就从它们演变而来。任何事物的发展，都是一个循序渐进的过程。

## 芦苇船

芦苇生长在河流湖泊附近，生长迅速，是造船的一种理想材料。古埃及人先把芦苇捆绑成长条，然后，再把很多芦苇长条的两头捆绑起来，成为一条船，人们就可以乘坐它出航了。现在，在玻利维亚的喀喀湖上，人们还在使用这种芦苇小船，其样子跟古代时几乎一样。

古埃及人的芦苇帆船，使用两脚桅杆，让重量均匀分布，更加安全。

## 风帆的出现

5000年前，古埃及人曾利用带叶的树枝或高大的棕榈树叶当帆。

尼罗河上的造船匠利用当地的芦苇建造了芦苇船，在行驶过程中，无意中有人把湿衣

服、湿兽皮等用竹竿竖在芦苇船上晾晒，发现在有风的时候，船行驶得比以前快。

于是，在这个基础上，人们又给芦苇船上加了桅杆和船帆，船的行驶速度快了许多。

到了木船出现，人们才逐渐用帆布或其他纺织品缝制船帆。船帆起初是长方形的，如果风与船的行进方向不同或无风时，就要把帆降下来，自己用双手划桨摇橹前行。直到1600年前，在阿拉伯海上出现了三角帆，才让利用各种风向航行变为现实。

聪明的古人在船上安装了帆，利用风力吹动帆，从而带动船前进。这样，帆船用风做动力，得以借助风力航行。

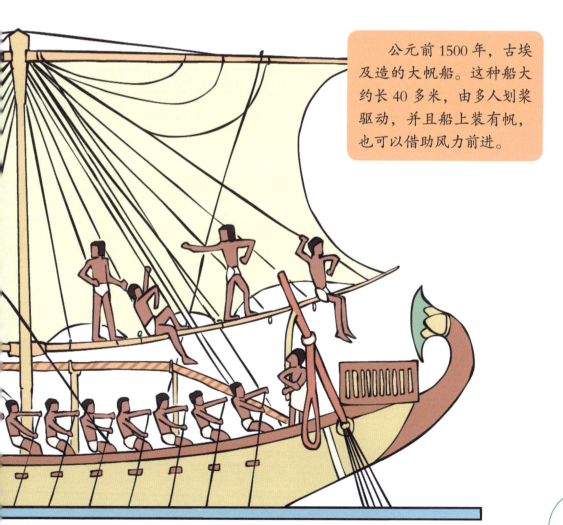

公元前1500年，古埃及造的大帆船。这种船大约长40多米，由多人划桨驱动，并且船上装有帆，也可以借助风力前进。

## 💬 木船的出现

　　人们发现用芦苇等材料制作的船只，不能进行远距离航行，于是把目光放在了木船上。

　　古埃及木船延续了芦苇船的外形，短木料通过木栓和榫卯被一段一段连接起来。这样的船只没有内部骨架，看起来就像一个大块头的木勺。这种木船不能承受太大的重量，坐船的人和货物都只能待在甲板上。

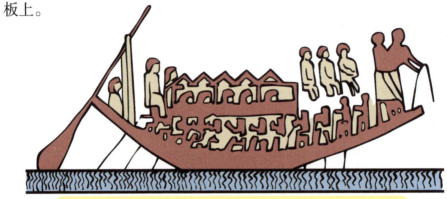

貝尼哈桑墓葬壁画上的埃及木船，这种木船的出现时间约在公元前 1900 年。

这艘是古埃及人发明的可以出海的帆船。但是这种船没有龙骨，很脆弱。它初期所用的帆不能转动，只有风顺时才能使用，如果风不顺，就只有落帆划桨。

随着造船技术的进步，更大的帆船被制造出来，以实现在海上长距离航行的需求。但它们仍然和小船一样，依靠划桨前行。大型桨帆船最初出现在公元前2000年左右，它只有一层桨帆。后来出现了2~3层桨帆船，划桨手越来越多，船也越来越宽。

罗马共和国时期（公元前509～公元前27年）的三层桨加来船复原图。

## 篙·桨·橹·舵·帆

篙、桨、橹、舵和帆在人类的航海史上，有着举足轻重的作用，人类离不开其中任何一样。这些发明，在不同时期、不同的国度出现，最终都促进了全人类航海史的发展。

### 篙

起初，人们在浮木上用手和脚击水，利用水对手和脚的反作用力来推动浮木前进。后来，人们使用树枝、木片划水，再后来干脆用长竹竿或木棒制成篙，用它支撑水底或岸边使船前进。经过一段时间的发展，人们又在篙的下端装上了尖尖的篙头，并在篙的上端安装了铁钩，这样使用起来更加方便。

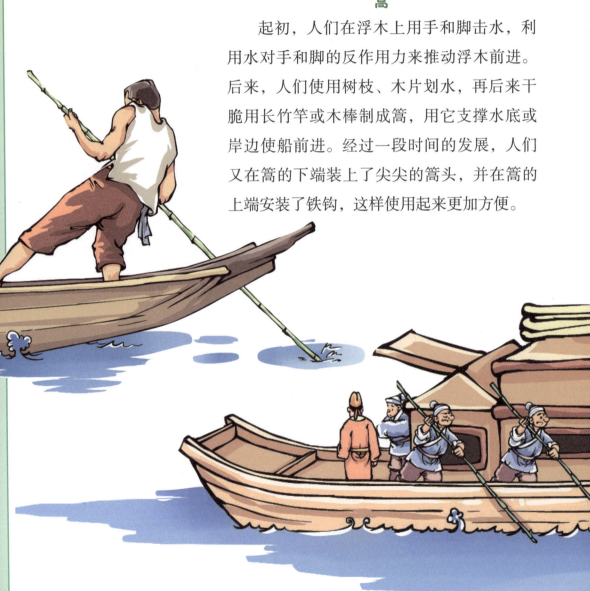

汉朝时的著作《淮南子·说林》中曾有记载，用竹篙来测量江水的深度，如果竹篙没了顶就以为篙长等于水深，那就糊涂了。可见，篙除了可为船只提供推动力外，还具有测量江水深度、江面宽度的作用。

　　篙是最早的船舶推进工具。图为《天工开物》中的船图上的撑篙人。现在，我国的江南水乡、塞北平原，人们还在使用篙划船。

## 桨

桨的诞生时间很难考证，但在我国出土的文物中发现，在 7000 多年前的浙江余姚河姆渡遗址、5000 多年前的浙江杭州水田畈遗址和吴兴钱山漾遗址中，都出土过早期使用的短桨。用桨划水，不但可以加快船前进的速度，还省力气。

梁朝侯景军中使用的一种高速快艇，竟有 160 支长桨，可以想象当时士兵们一起划桨时，快艇的速度有多快了。

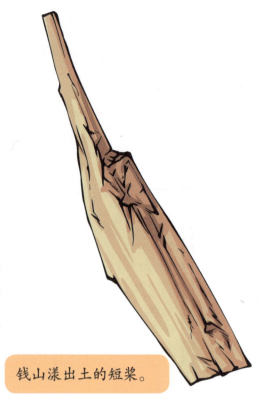

钱山漾出土的短桨。

在长沙的一座西汉墓中曾出土过一只木船模型，上面竟有 16 支完整的长桨。

# 橹

橹的诞生和发展是我国劳动人民对世界造船业的一项杰出贡献。橹的发明史料上没有记载，但最早可以追溯到秦汉时期。传说橹的发明者是鲁班。一天，鲁班站在河边，忽然发现一条鱼儿正欢快地摆动尾巴游泳，他灵感大发，赶紧回家模仿鱼尾巴的摆动，发明了橹。后期，船只发展到 8 橹、10 橹、30 橹，甚至更多。

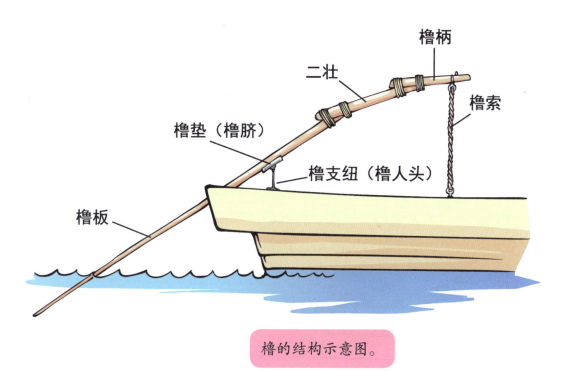

二壮　橹柄　橹索　橹垫（橹脐）　橹支纽（橹人头）　橹板

橹的结构示意图。

橹这种简单而又效率高的装置，大大降低了划桨者的劳动强度。

中国发明的橹，17 世纪传入欧洲。英国海军 1742 年在改造船舰中，给一只小帆船上安装了一组中国式的摇橹。

《清明上河图》中的六人摇橹图，可见一支橹很大而且沉，需要几个人合力才能摇动。

## 舵

舵是一种诞生较晚的船舶航行设备。我国古代航行初期，船一般是用篙或桨控制方向的。后来，随着船体越造越大，用篙或桨已经无法控制方向了，便在船的尾部安上了舵。

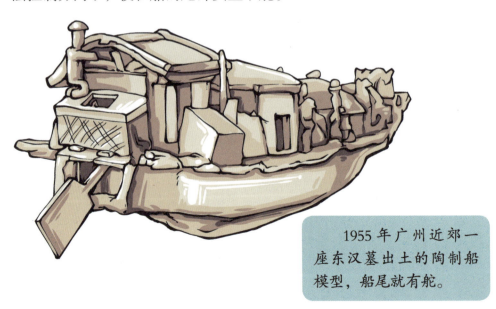

1955年广州近郊一座东汉墓出土的陶制船模型，船尾就有舵。

到唐宋时期，船尾舵日臻完善和成熟——有的舵的舵叶面积延展到舵杆之前，使舵杆前后的水压力趋于平衡，水手转舵时可省力，这种舵被称为平衡舵；有的舵在舵叶上开菱形小孔，使舵叶两侧的水相通，转舵时既省力又不影响舵效，这种舵称为开孔舵；有的舵加设悬舵索和绞舵装置，以便根据航道深浅调整舵叶入水深度，同时起到保护舵的作用，这种舵被称为升降舵。

开孔舵。

平衡舵。

船锚是海船必不可少的停船装置。船不能始终行驶，一旦要靠岸，就需要用锚固定船只。

锚源于古埃及。古埃及人为了让船停泊，便找一块大石头，中间凿上一个孔，系上缆绳固定住它，把缆绳的另一端系在船上。需要停船时，便把大石头抛入水中，这就是锚的祖先，它在我国被称为碇（系船的石墩）。

在泉州法石发现的宋元碇石。

在日本发现的我国元代碇石。

中国南朝已有关于金属锚的记载。宋代工艺百科全书《天工开物》就对四爪铁锚有过详细描述：每当船只航行遇到大风难以靠岸停泊的时候，它的安全就只能完全依靠锚了。它的锻造方法是先锤成4个铁爪，然后将铁爪逐一接在锚身上。

制造150千克以内的铁锚，可以先在炉旁安一块直径约33厘米的砧，当锻件的接口两端都烧红时，掀去炉炭，用包着铁皮的木棍把它们夹到砧上锤接；如果制造500千克左右的铁锚，则要先搭建一个木棚，让许多人都站在棚上，一齐握住铁链的一端，铁链的另一端套住锚身两端的大铁环。众人协力把锚吊起来，并按需要使它转动，再合力把锚的四个铁爪逐个锤合上去。

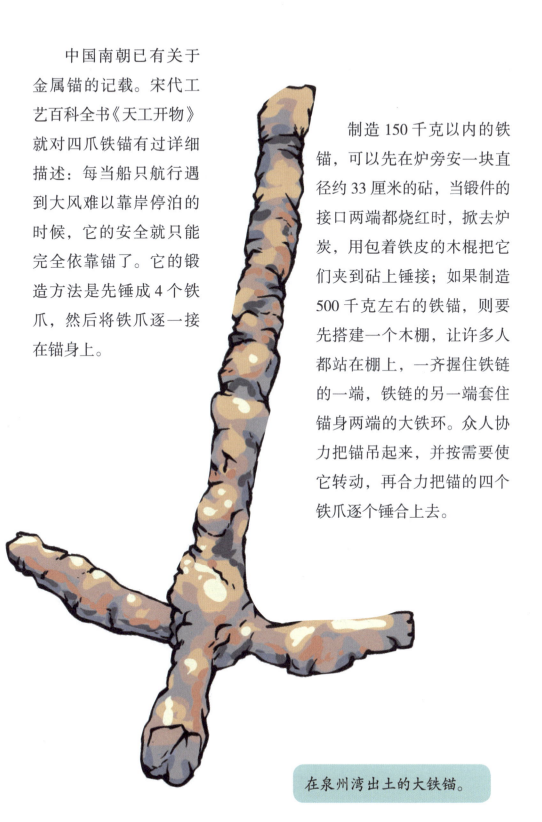

在泉州湾出土的大铁锚。

在泉州湾出土的大木椗。

 楼船

楼船，中国古代战船，
因船高首宽，看上去很像
楼房，所以起名楼船。

楼船在甲板上建几层楼，要根据船只的大小来决定。

我国的楼船最早出现在春秋战国时期，到了秦代已经成为水军的主要作战船舶；到了汉代，楼船已经成为非常强大的作战船舶和豪华的民用船舶。

大型楼船可以装下很多士兵，居高临下地攻击敌方战船。两船相撞时，它的威力也远不是普通船只可以比拟的。

## 🗨 大型帆船

最初的船帆是方形帆，后期发展为大三角帆。大三角帆是阿拉伯人发明的，自9世纪初就开始使用，有了大三角帆，驾驶船只就更加容易了。

《河工器具图说》
中悬挂梯形斜帆的帆船。

加横条的梯形帆船示意图。

当帆船遇到逆风时，帆船要走"Z"字路线，这样不断转换方向，巧借风力，让船即使逆风也能前进。

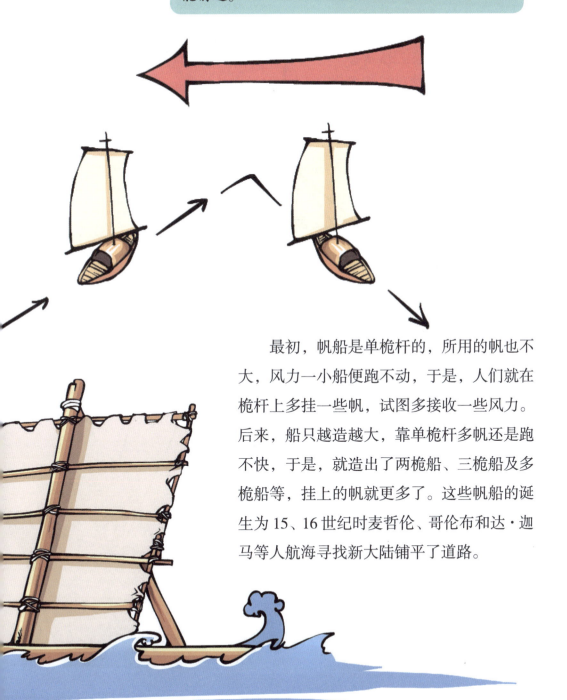

最初，帆船是单桅杆的，所用的帆也不大，风力一小船便跑不动，于是，人们就在桅杆上多挂一些帆，试图多接收一些风力。后来，船只越造越大，靠单桅杆多帆还是跑不快，于是，就造出了两桅船、三桅船及多桅船等，挂上的帆就更多了。这些帆船的诞生为15、16世纪时麦哲伦、哥伦布和达·迦马等人航海寻找新大陆铺平了道路。

　　欧洲中世纪通过海洋进行贸易的商人们最钟爱的船就是这种柯克船。柯克船体形状细长，很适合在强风大浪里航行，而它的尾楼设计，后来成了欧洲帆船们争相效仿的对象。

　　船帆的改进使得大型船只不必再依靠船桨和桨手来提供动力。从10世纪开始，欧洲人开始使用甲板封闭的帆船，封闭的甲板能保障坏天气时，舱内货物不致泡水。

卡拉克帆船是 15 世纪盛行于地中海的三桅或四桅帆船。它的特征就是其巨大的弧形船尾，以及船首的巨大斜桅。它的前桅及中桅装配了数张横帆，后桅则配上了一面三角帆。

这种有着巨大弧形船尾和多面风帆的船叫作卡拉克帆船。在遭遇海盗时，它高大的船舷让海盗们很难跳上甲板，而巨大的船身和多层甲板可以装配更多的大炮进行反击。

古人在造船的时候，船板跟船板的接缝里面要添"艌料"，又叫"捻缝"，不然船里面会进水。中国古代的船匠通常将麻纤维做成很碎的麻绒，然后加上油灰，搅拌均匀后填进船身木板间的缝隙，用锉刀刮平，再在船外面涂抹桐油。这种处理方法叫"油灰捻缝"，可以让船获得极佳的防水性能。

　　1902年5月7日，历史上最大的古典西洋帆船——普鲁士号建成下水。该船全长达146.9米，宽16.4米，载重量8100吨。其五根桅杆均为钢制，索具也是钢丝绳。普鲁士号一共有47张帆。

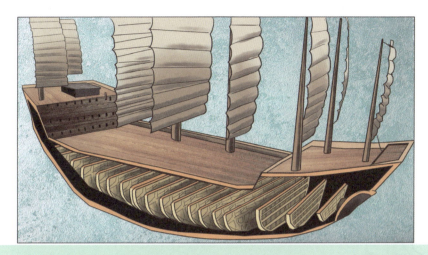

从唐朝开始，中国船普遍采用了"水密隔舱"结构。如果没有隔舱，一旦碰到暗礁，整个船舱就会进水，导致沉船。做了水密隔舱之后，船身内部区隔划出多间独立船室，假如一个隔舱进水，其他隔舱并不会受到影响，船的安全性大大提高。

车船出现于南北朝至唐朝时期，它用轮子一样的翼桨取代了普通船桨，可以实现连续推进，行进速度很快，是当时名副其实的"快艇"。车船后来在宋代得到了大规模应用，成为了水战中的"奇兵"。

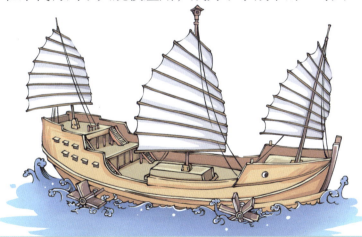

唐代，我国一个叫李皋的人受到船上划桨和陆地水车的启示，创造了车船，船的两侧装有会转动的轮桨，轮桨外周装有叶片，它的下半部分浸在水中，上半部分露出水面。人在船上踩动车轮，叶片如水车旋转，拨水推动车船前进。

南宋时有一种"飞虎战舰"，由宋将王彦根据古籍记载复原建造。据说每船设有 4 个轮子，每个轮子有 8 片翼桨，船行驶时由 4 个人分别踩动轮子，可以日行千里。

宋以后，明初的陈友谅也曾使用车船在鄱阳湖进行水战。直到 20 世纪初，中国南方还保留有少量车船。

宋代的飞虎战舰，总计有两车四轮，共三十二片翼桨。

车船是指船的两侧或者后部装有轮子的船，由于轮子的一部分露出水面，因此也叫明轮船。车船一般有两种推进方式，一种靠踩踏木轮推进，另一种靠轮子上的螺旋桨推进。

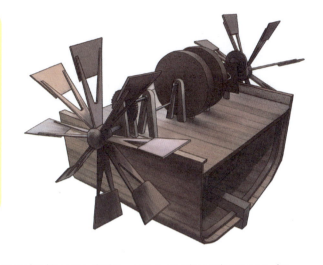

欧洲直到 1543 年才出现能够使用的车船，至少比我国晚了 800 年。

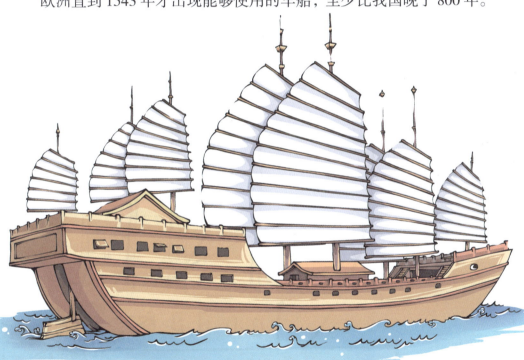

大艐宝船是明代郑和下西洋所乘的巨型木帆船，光是纵帆就有 12 面。明代《西洋潘国志》对它有这样的描写：船体高大巍峨，无与匹敌，像帆、蓬、锚、舵等东西，没有二三百人是根本动不了的。可见宝船是何等之大啊！

## 蒸汽轮船

到 19 世纪，人们发明的船型已经非常丰富了，各种船只部件的生产制造也已非常成熟，但绝大部分的船只仍使用木头作为主要原料，使用人力、兽力和风力作为动力。这些船舶无论多么巨大，都处于工业时代以前的水平。随着工业革命在欧洲和北美快速推进，船舶业也迎来了一个崭新的时代。

1807 年诞生的克莱蒙特号轮船是世界上第一艘蒸汽船，由美国发明家富尔顿设计制造。

19 世纪初，美国的富尔顿将瓦特改良的蒸汽机安装在他制造的大船上，用蒸汽机作为船航行的动力。1807 年 8 月 17 日大船下水试航成功。

富尔顿精细设计的蒸汽轮船克莱蒙特号，船全长约 45 米，宽约 9 米。船上没有桅杆，而矗立着一个高而大的黑烟囱，冒着黑烟，在船的两侧各有一个水车轮子。

其工作原理是：蒸汽机带动两侧的轮子旋转，轮子上的叶片在水中划动，靠反作用力推动轮船前进。

以蒸汽机为新动力系统，以螺旋桨为新的推进系统，富尔顿开创了造船史上的新纪元。

## 金属船

船舶史上的第三次飞跃发展，应该是从木船到金属船，动力上也发生了巨大变化。

1787年，英国的铁器制造商和工具制造商约翰·威尔金森制造出一艘长21米的铁驳船在塞文河上航行，证明了铁船也可以漂浮在水面航行，而在这之前，人们普遍认为铁船会沉没。

1816年，苏格兰的罗比森爵士设计出了铁驳船的设计图，1818年这艘伍尔坎号驳船开始建造，于次年完工，这也是当时世界上最早的铁船。

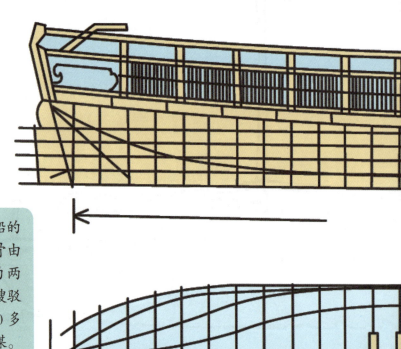

伍尔坎号驳船的结构图。它的龙骨由从船头到船尾的两条铁板构成。这艘驳船总共航行了50多年，主要用来运煤。

19 世纪 50 年代及随后的近 30 年是铁船制造业的全盛时期。当时的蒸汽机技术已经很成熟，铁船搭配蒸汽机，就不必像木帆船那样依靠风力和人力做动力，速度也更快了。"轮船"这个名字就来自蒸汽船外面的大轮子。

过去独领风骚的帆船，在蒸汽船的冲击下，逐渐消失了。航运史进入到了蒸汽动力时代。

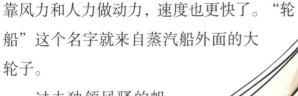

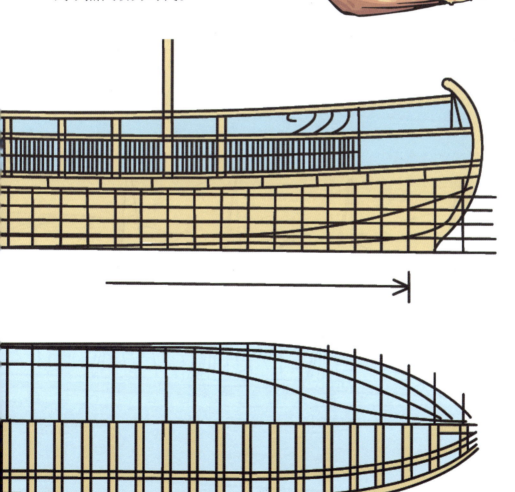

第一艘在大西洋航线上正常运营的蒸汽机船，是大西方号。它从1838年开始下水运营，它的船壳是用橡木制成的，外面用铁钢架来支撑，以增加船壳的强度。它的载重量大约在1300吨，是第一艘能够携带足够燃料走完全程的蒸汽船。

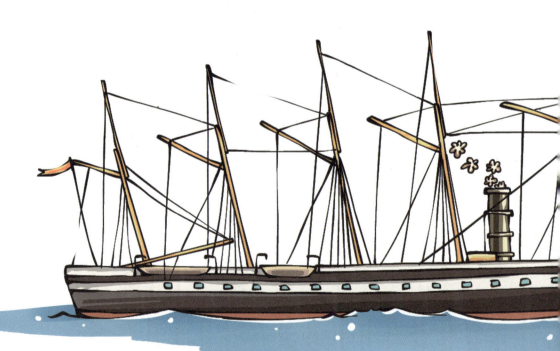

　　大东方号，于 1859 年下水，它是世界上第一艘万吨巨轮，也是世界上第一艘双层船体轮船，自重 13245 吨，最大载重量为 18915 吨，长 211 米，宽 25 米，船体全部用锻铁铆接，共用了 3 万块铁板和 300 万个铆钉，航速为每小时 26 千米。

　　大不列颠号蒸汽轮船，于 1843 年下水，它是第一艘大型钢铁船，也是第一艘以螺旋桨推进器代替船桨的船。船长 98 米，重 3270 吨，有 6 根桅杆，以备动力发生故障时使用，是当时规模最大、速度最快的载客蒸汽船。

## ❓ 为什么钢铁制成的船在水里不会沉没

如果我们将一小块木头放进水里，它会浮在水面上。而如果我们把一根铁钉放进水里，它会立刻沉下去。可是，为什么大铁船却能浮在水上呢？

这是因为不同物体的密度不同，当物体的密度比水大的时候，就会沉到水中，反之则会浮起。而放入水中的物体都会受到水的浮力，物体所受浮力等于物体所排开的水的重量。

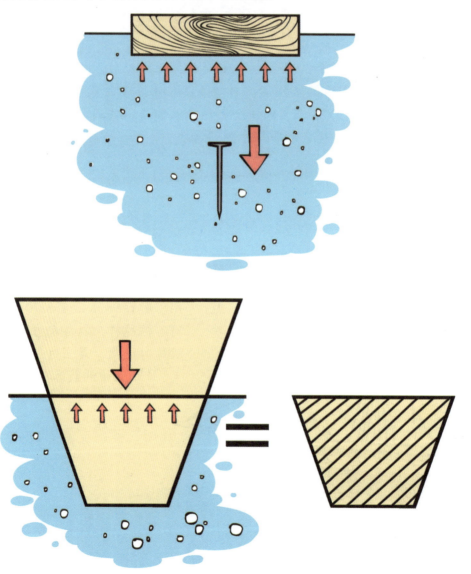

同等重量的物体，密度越大，体积就越小。铁的密度远大于水，如果把一个实心铁块放到水里，它所排开的水的重量会小于它自身的重量，浮力就不足以让铁块浮在水上。但是假如将这块铁打成薄壁的空心容器，再放入水中，这时它的重量虽没有改变，可是体积却变大了，排开的水的重量也随之变多，浮力增大。只要浮力大到超过铁块本身的重量，它就能浮起来。

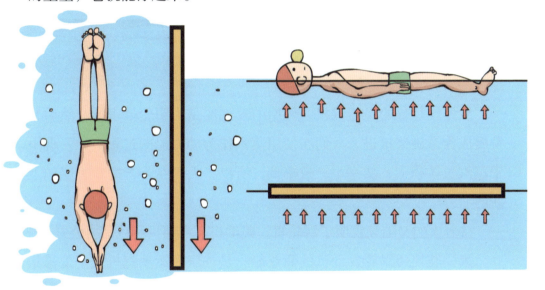

## 🗨 现代船舶

大约在 1880 年前后，钢开始取代铁。1900 年左右，所有大型船只全部用钢制造。随着焊接技术的改进，造船连接采取了铆接技术。同时，轮船推进的动力也在发生变化。在 1910 年左右，出现了帕森斯蒸汽涡轮机。从 1947 年起出现了燃气轮机。燃煤已经被燃油所取代。随后，船只还用上了核能等新型能源。

之前的蒸汽舰船，都使用了活塞式发动机，1896 年，英国工程师查理斯·帕森斯发明了一种旋转式的船用涡轮发动机，并把这一机械安装在了涡轮号上，从而使涡轮号的船速达到了空前的水平，每小时达到 63.8 千米。

　　最先代替帆的是蒸汽机。开始的蒸汽船是由明轮推进的，然后又发展成为螺旋桨推进。人们在使用蒸汽作为动力船的过程中，发现由于蒸汽机体积大、功率小、效率低，所以，人们在苦苦探索着船舶上新的动力。

　　接着人们又陆续发明了涡轮机、柴油机、汽油机和核动力装置。

　　第一艘使用涡轮发动机的商业船只是一艘客运蒸汽机——爱德华国王号，在速度试验中，其速度达到了每小时 37.9 千米。

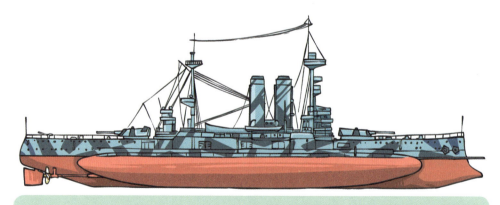

　　1901 年，爱德华号下水，它所使用的涡轮式发动机最初是利用蒸汽喷气来推动转轴上的叶片快速旋转，带动螺旋桨转动，以作用力与反作用力来推动船舰前进的。

1897年，维多利亚女皇周年庆典的海军阅兵仪式上，查理斯·帕森斯在排列整齐缓缓前行的舰队中展示了他的杰作——涡轮号。

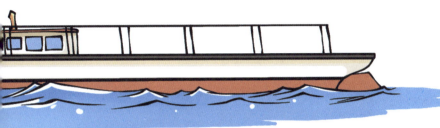

第一艘安装涡轮发动机的战舰是无畏号。也是英国皇家海军的一艘具有划时代设计的战列舰。它采用先进的统一弹道性能的主炮，火力极大地提升，舰上的指挥官能够统一指挥所有主炮瞄准同一目标齐射，用覆盖式的火力来击中目标，提高主炮的命中率，对战列舰的作战方式产生了革命性的影响。

无畏号战列舰，于1905年10月2日在英国普茨茅斯海军船厂开工建造，1906年12月2日服役。它安装了10门300毫米口径的主炮。

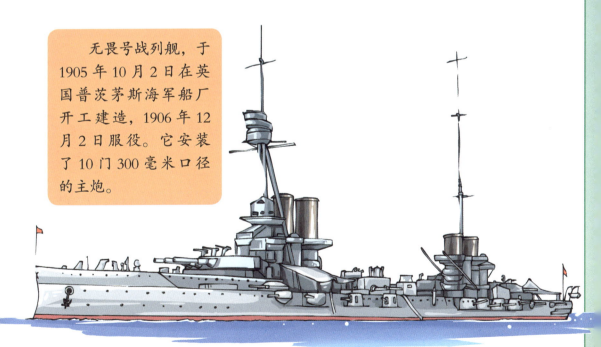

20 世纪初，人们发现并开采了石油，开始用石油来代替煤块做燃料。最初的时候，只能将船上的燃煤锅炉改为以石油作为燃料；后来，科学家发明了柴油机，并将柴油机搬到了船只上，为舰船提供了全新的动力来源，还可以比涡轮发动机节省一半的能源。钢铁火神号就是第一艘安装了柴油机的船只。

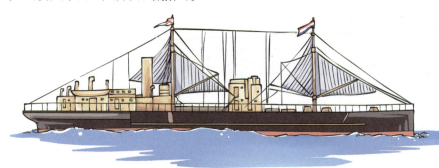

1910 年，钢铁火神号下水，这是第一艘以柴油机作为动力的船，是荷兰制造的。

## 巡洋舰

19 世纪末 20 世纪初，由于装甲巡洋舰军备竞赛，英国皇家海军产生了一个新的想法——建造终结装甲巡洋舰的战列巡洋舰。在这种思维的指导下，巡洋舰诞生了。

巡洋舰是一种活动在远离基地的海洋上，并具有多种作战本领的大型水面军舰，大小仅次于航空母舰，巡洋舰舰首形似一把向前伸展的尖刀；舰尾则呈方形或椭圆形；它的尾部甲板宽而平，可以供数架直升机起降，还可以安装起重设备；舰体上有高大的建筑物、烟囱等。

巡洋舰在英国、美国、德国、法国、日本、澳大利亚、土耳其、荷兰等国起步比较早，发展比较迅速。

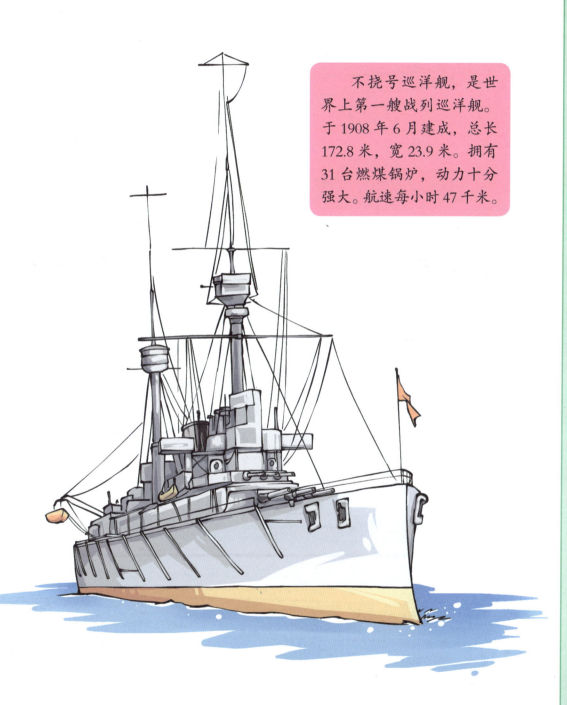

不挠号巡洋舰，是世界上第一艘战列巡洋舰。于1908年6月建成，总长172.8米，宽23.9米。拥有31台燃煤锅炉，动力十分强大。航速每小时47千米。

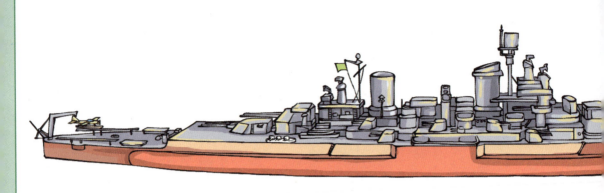

德国布吕歇尔号巡洋舰，舰长 161.7 米，舰宽 24.5 米，拥有 18 台燃煤锅炉和 3 台往复式蒸汽机，航速为每小时 44.9 千米，于 1910 年 3 月 24 日建成。1915 年 1 月 24 日在北海多格尔沙洲，被英国皇家海军第一、第二战列巡洋舰分队击沉。

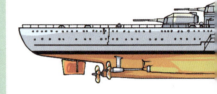

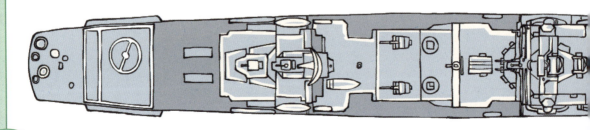

美国列克星敦号巡洋舰，于1921年1月8日开工，起初是按巡洋舰制造，后来又改建为航空母舰，总长为266.5米，全宽32.1米，于1927年12月14日作为航母正式服役，1942年5月8日在珊瑚海海战中被日本舰载鱼雷机攻击而爆沉。

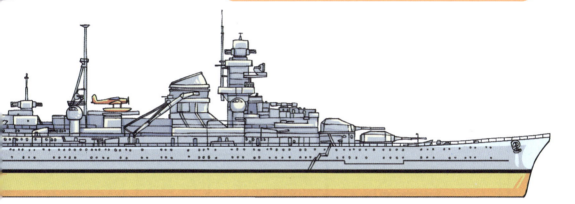

美国长滩号巡洋舰，是全世界第一艘核动力水面战斗舰艇，是二战之后，美国第一艘新造的巡洋舰，也是全世界第一艘配备区域防空导弹的军舰，更是全世界第一艘以区域防空导弹击落敌机的军舰。

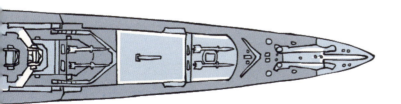

## 什么是核动力

核动力利用可控核反应来获取能量，从而得到动力、热量和电能。产生核电的工厂被称作核电站，其中设有能够将核能转化为电能的装置，包括反应堆和汽轮发电机组。核能在反应堆中被转化为热能，热能将水变为蒸汽推动汽轮发电机组发电。世界各国军队中的大部分潜艇及航空母舰都以核能为动力。

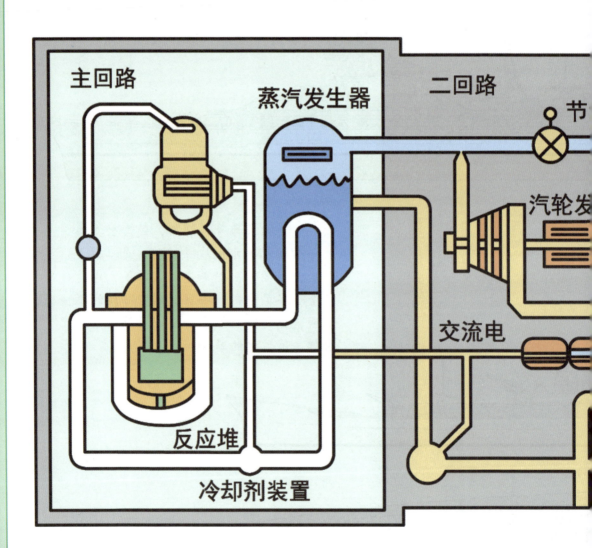

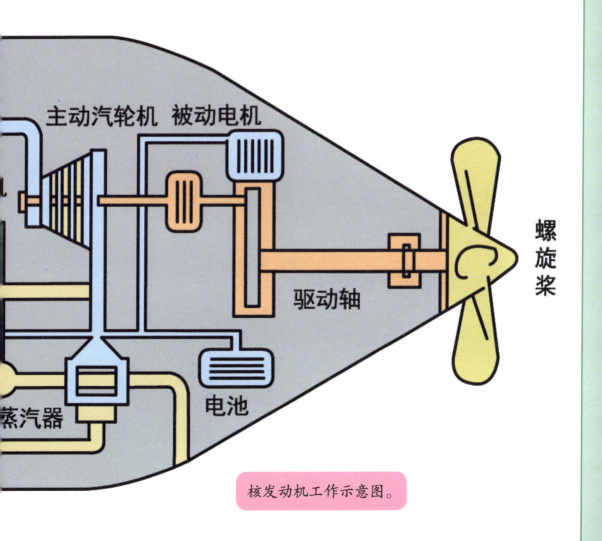

主动汽轮机　被动电机

螺旋桨

驱动轴

蒸汽器

电池

核发动机工作示意图。

## 破冰船

一旦海面上结冰，船就不能行动了，这可怎么办呢？这时，就需要破冰船来解决问题了。

破冰船是用于破碎水面冰层为航道畅通提供保障的船只，例如，开辟结冰的航道，破除冰封港口，以及舰船在冰区航行及作业的勤务船。

破冰船要破冰，船身要短而宽，前端尖削前倾，底部首尾上翘，便于上压冰层，总体强度高，需要用加厚钢板和加密骨架作支撑。现代的破冰船采用了原子能反应堆作为动力，带上 10 千克铀，就相当于带上了 25000 吨标准煤，可以远离港口常年作业。

第一艘极地破冰船是由俄国人设计、1899 年英国为俄国建造的叶尔马克号。由于俄国北部地处高纬度地区，每年一到冬季，一些重要航道就会遭遇冰封，船运被迫停航。建造破冰船，开辟道路，对于俄国人来说实在太重要了。

破冰船的主要特点是船体纵向短、横向宽、船壳厚、马力大，船体各区域设有不同的压水舱，多螺旋桨配置。

　　现在人类加大了对地球南北两极的探测及科学考察，为了保证两极地区航线的畅通无阻，破冰船功不可没。

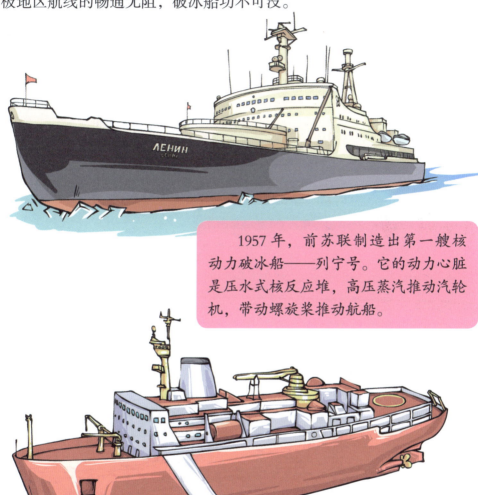

　　1957 年，前苏联制造出第一艘核动力破冰船——列宁号。它的动力心脏是压水式核反应堆，高压蒸汽推动汽轮机，带动螺旋桨推动航船。

　　路易斯·圣·劳伦特号，是加拿大最大的破冰船，它于1969年服役，全长 119.6 米，宽 24.4 米，编制 47 人，柴电动力功率 66000 马力，航速为每小时 33 千米，配备有 2 架直升机，能运载 4800 立方米燃料、200 立方米淡水和 2 艘登陆艇。

"海冰722"船，是中华人民共和国成立后建造的第一艘破冰船，于1969年12月26日下水。总长84.28米，最大宽度16米，装两台2600匹马力的主机，最大航速为每小时29.6千米，续航力18520千米。它的肋骨粗密，外壳特别加厚，船身异常结实，不怕碰撞。

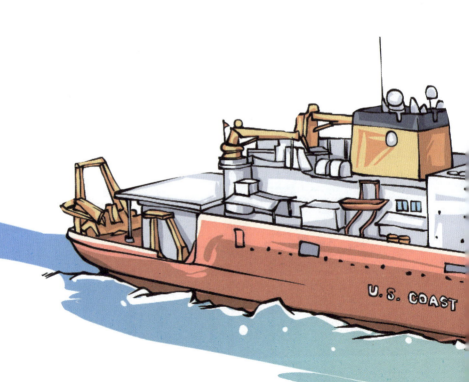

美国的破冰船主力是希利号，于1997年11月下水，1999年后服役。船长128米，宽25米，破冰厚度1.5米，可以搭载2架直升机。它是目前全球技术含量最高、性能最好的极地探索平台，配备完备的实验室、科学仪器和专用设备。

芬兰北极星号破冰船，于2016年9月完工，船长110米，宽24米，总动力为22兆瓦，航速为每小时6.5千米，破冰厚度为1.8米。该船配置了救援和溢油回收装置，可以执行紧急搜救、清除海面油污等任务。

中国雪龙2号极地考察船，是中国第一艘自主建造的极地科学考察破冰船，于2019年7月交付使用。雪龙2号是全球第一艘采用船首、船尾双向破冰技术的极地科考破冰船，能够在1.5米厚的冰环境中连续破冰航行。

### 破冰船的破冰原理

对于比较薄的冰层来说，破冰船利用倾斜的船头前冲的力量，就可以连续压碎冰层。但如果遇到的冰层比较厚，则需要利用船头的俯仰、升降运动来进行破冰。简单说来，就是将船尾部分的压载水舱灌满水使船头翘起，然后开足马力冲向冰层，再将尾部的压舱水抽到首部的压载水舱，在船头形成相当大的压力，将冰层压碎。当冰层超过1.5米厚时，要采用冲撞法，首先将船后退几百米，然后改为全速前进，撞击冰层，冰层就会被撞碎，乖乖"投降"。有时候，还可以反复抽灌船左右两旁的压舱水，使船产生横向摇摆，来个左右"夹击"，以压碎冰层，加宽航道。

## 🔍 气垫船

飞机飞得快，是因为它在空气中飞行；船舶开得慢，因为它航行在水面上，水的摩擦力比空气的大。如果让船身脱离水面，悬浮着航行，不就可以达到提高速度的目的了吗？

实现这一目标的船只是气垫船。气垫船是能够贴近水面或地面高速航行的船。它既可以像船一样贴近水面航行，又可以像汽车一样在陆地上行驶，还可以像飞机一样掠空而过。

1959 年，英国工程师科克莱尔研究成功第一艘载人气垫船——SR-N1。它全长 9.1 米，宽 7.3 米，时速可达 120 千米。科克莱尔等 3 人驾驶着这艘气垫船跨越了英吉利海峡，抵达英国多佛尔港，只用了 2 小时零 3 分钟。

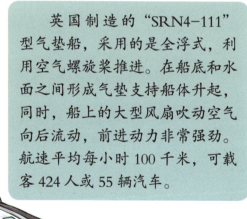

英国制造的"SRN4-111"型气垫船，采用的是全浮式，利用空气螺旋桨推进。在船底和水面之间形成气垫支持船体升起，同时，船上的大型风扇吹动空气向后流动，前进动力非常强劲。航速平均每小时 100 千米，可载客 424 人或 55 辆汽车。

布拉风级导弹攻击舰，于1987年在喀山泽廖诺多利斯克船厂下水。这艘船实际上是一艘带有基底的双体船，最多可搭载68名海员，巡航时速100千米，是世界上吨位最大的侧壁式气垫船。

气垫船一般可分为全浮式气垫船和侧壁式气垫船。全浮式气垫船可以完全离开水面或陆地，腾空航行，不仅速度快，而且还可以水陆两用，缺点是耗油量比较大。侧壁式气垫船，用水螺旋或靠喷水推进，可以造得比较大，但是不能上岸行驶，没有两栖性能。

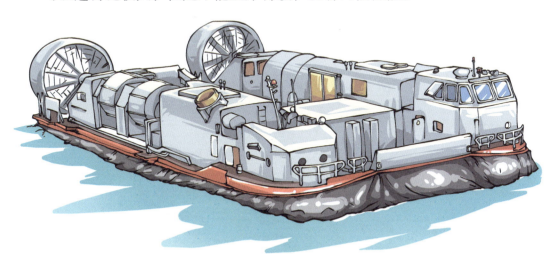

"726"型气垫登陆艇，是中国航空工业集团公司研制的新中型气垫船，由江南造船厂建造，首艇于2009年12月下水，最大载重量约50吨，最高时速可达到112~148千米。

我国边防装备第 5 代国产气垫船，于 2011 年配发。该船可以开进界河，不论是枯水期的河道、沼泽地带，还是陆地、水面，甚至在流冰期和冰面上都能畅通行驶，实现了全天候、全方位巡逻，有效地解决了巡逻死角问题。

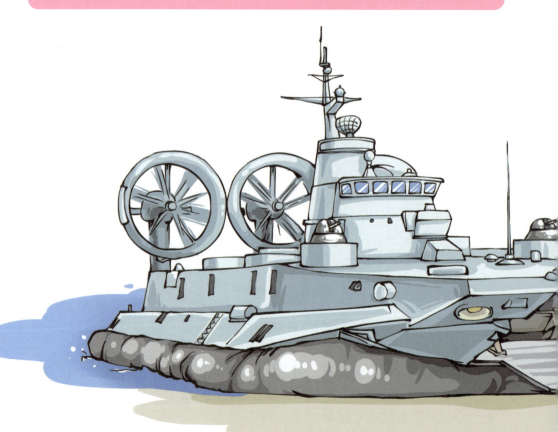

### 气垫船的航行原理

　　气垫船是介于船舶、车辆和飞机三者之间的一种特殊的、新型的船舶，是当今船舶家族中的骄子。

　　气垫船的工作原理，是利用大功率风扇向船体底部快速压入大量空气，在船底、水面或地面间形成气垫，将船体部分甚至全部托起离开水面或地面，减小水对船体的阻力，从而使船可以在水面上高速行驶或者在海滩等界面登陆。气垫船的前进动力，是靠船身上的风扇吹动空气向后流动而获得。

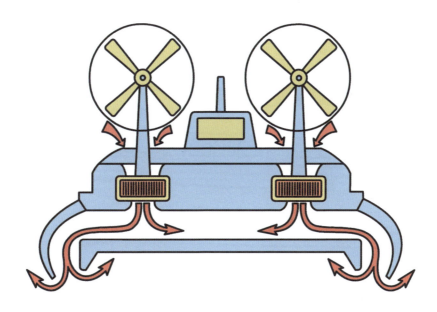

　　2015 年 7 月 20 日，中国人民解放军在南海演练登陆，野牛气垫船搭载 96 式坦克亮相。12322 型"欧洲野牛"气垫登陆舰是当今世界上最大的气垫登陆舰，船长 57.3 米，最宽 25.6 米，最大航速每小时 111 千米，巡航速度每小时 101 千米，航程 555.6 千米。

## 💬 水翼船

水翼船，又叫水翼艇，船底下装有尖刀般的"翅膀"，也就是水翼，因此得名。它是一种依靠水翼的上、下压强差来抬高船体，从而快速航行的船舶。

水翼船的造型很奇特，尖刀般的"头部"，短小肥胖的"躯体"，方形的尾部，首尾的艇底装有水翼，翼的前面略向上翘。

水翼艇的特点，就是能在空气跟海水的界面上行驶，以尽量克服水的阻力。

水翼艇有单水翼艇和双水翼艇之分。

世界上最早的水翼船出现在 1905 年，设计师意大利人福拉尼尼，他在专利说明书上阐明了水翼艇的科学技术原理。

1911 年，福拉尼尼用最新的模型水翼艇在马乔列湖为来访的美国贵宾贝尔做了表演。电话的发明者贝尔根据福拉尼尼的专利，开始建造他自己设计的水翼艇。贝尔设计的水翼艇于 1918 年创造了时速 114.3 千米的航行纪录。

亚历山大·贝尔，1847 年出生于苏格兰，24 岁移居美国，加入美国国籍。他不仅发明了电话，还发明了一艘水翼艇。他还曾驾驶着水翼艇为人们表演，他设计的水翼艇在当时很先进！

经过一个世纪的发展，很多水翼船新秀出现了，它们的吨位已经达到了 800 吨以上，航速达到了每小时 100 千米以上。

"XCH-4" 水翼艇是美国的约翰卡尔在美国海军资助下设计的一种试验艇。该艇采用两台星型活塞发动机驱动螺旋桨为动力，于 1955 年创造了每小时 144 千米的速度纪录。

湖川级水翼鱼雷艇是我国自行设计建造的，于 1963 年开始服役。湖川级 025 型为铝质艇由沪东造船厂制造，026 型为钢质艇由江新造船厂制造，出口过巴基斯坦、阿尔巴尼亚、罗马尼亚等国。

　　"火箭"客运水翼船，是俄罗斯第一种商用客运的水翼船，于1957年8月首航。"火箭"长26.9米，最大速度每小时70千米，可载客60多人。"火箭"被十多个国家采用，目前仍有部分在服役。

意大利芬坎蒂尼公司建造的鹞鹰级水翼导弹艇。鹞鹰级长 23 米，最大速度是每小时 83 千米。首艇于 1974 年 7 月服役。鹞鹰级共建造了七艘，每艘装备一门奥托 76 毫米速射炮，两具奥托马特反舰导弹发射器。

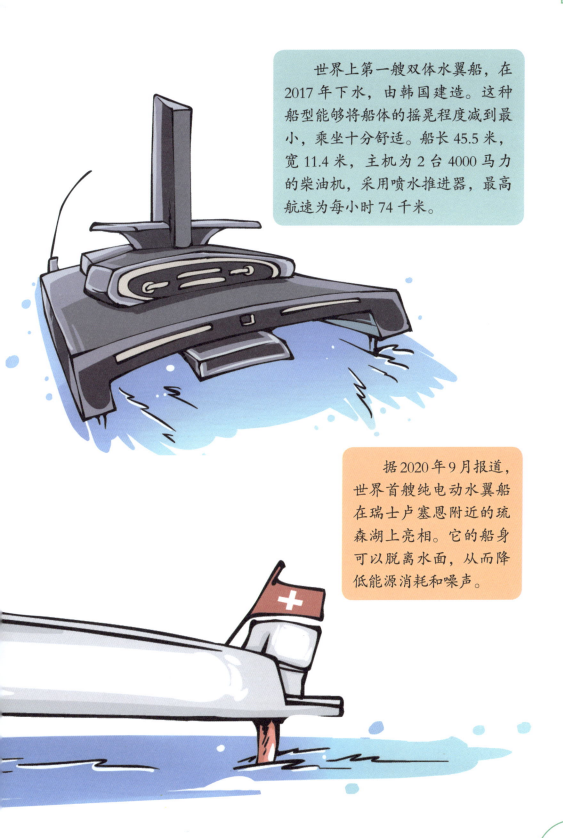

世界上第一艘双体水翼船，在2017年下水，由韩国建造。这种船型能够将船体的摇晃程度减到最小，乘坐十分舒适。船长45.5米，宽11.4米，主机为2台4000马力的柴油机，采用喷水推进器，最高航速为每小时74千米。

据2020年9月报道，世界首艘纯电动水翼船在瑞士卢塞恩附近的琉森湖上亮相。它的船身可以脱离水面，从而降低能源消耗和噪声。

## 水翼船的工作原理

当水翼船停泊或慢速航行时，跟普通的船没什么两样；当它快速航行时，水翼下面的水流因为受到水翼的阻滞作用而产生升力，当升力等于水翼船的重量时，船身就会被抬出水面并保持一定的高度，仅仅剩下翼和支架下端浸在水中，从而大大减少了阻力。船航行的速度越快，产生的向上的力就越大，当水翼在水中升起时，就把船体完全推离水面。

## 超级油轮

油轮，是载重量大、运输原油量多的船只。

超级油轮是指一些超过 16 万吨载重量，可以运输 200~300 万桶原油的油轮，是专门用来运输油料的货运船舶。

起初，人们建造的油轮大小不等，随后越建越大。随着海上货运量迅速增加，各种货运船舶的吨位向着大型化方向发展，尤其是油轮吨位，越来越大。

油轮越造越大，出现了几十万吨级的超级油轮，被称为"海上浮动油库"。

好运号油轮，是世界上第一艘油轮，于 1886 年 7 月 13 日首航，它属于德国船舶公司。船长 97 米，可以载 3000 吨油。

1976 年，法国大西洋船厂制造的 Batillus 号巨型油轮，船长超 400 米，载重约 55.36 万吨。

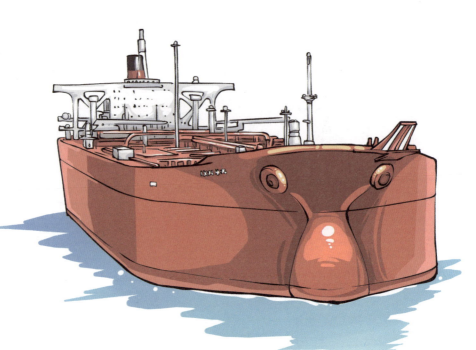

　　世界上最大的油船——诺克·耐维斯号油轮，属于超大型原油运输船等级的超级油轮，也是世界上最长的船只与最长的人工制造水面漂浮物，船长超过402.3米，比横躺下来的艾菲尔铁塔还长。它建造于1976年12月，于1979年完工。

　　2010年1月24日，我国华南地区建造的第一艘30万吨超级油轮——新埔洋号，从广州龙穴造船基地首航，经新加坡开往中东装载原油。船长333米，宽60米，甲板面积足有3个足球场大。

## 滚装船

滚装船，是通过跳板，采用滚装方式装卸载货车辆的船舶。滚装船的概念起源于军用坦克或车辆登陆艇。

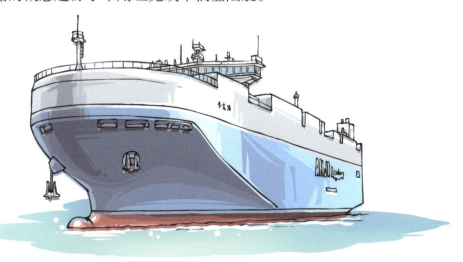

2019 年，上汽安吉凤凰号正式入列东南亚航线。这是上汽首艘专用于国际航线运输的船舶，拥有 4300 车位，油耗较同类船型低 10% 以上，也是目前国内运载量最大的汽车滚装船。

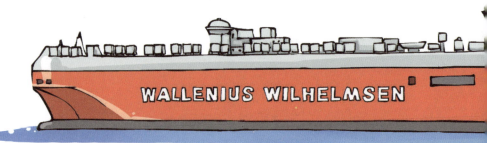

　　滚装船独特的结构货门和跳板：货门是车辆进出的通道，或设置在船首，或设置在船尾，或设置在船的一侧，但通常设置在船尾。跳板是架设在货门前与码头之间的桥梁。车辆可以通过跳板从货门进去，而后行驶到货舱各层甲板。因车轮滚滚，可以随时开上开下，所以这种滚装船，最初还叫"开上开下船""滚上滚下船"。

　　滚装船的装卸效率很高，随后，世界轿车运输广泛应用滚装船。

　　2021年，世界最大货物滚装船顺利出坞。该船总长为238米，型宽34米，航速为每小时38.5千米。由南京金陵船厂有限公司按照意大利R1NA船级社的入级标准，为意大利Grimaldi公司建造，节能环保、装卸灵活高效。

世界上第一艘滚装船，是1958年美国建造的彗星号。它的两舷及船尾均有开口，共有5个跳板，可供车辆上下船。

## 登陆舰

登陆舰，也叫两栖舰艇，是一种现代军事海上登陆战最实用的武器装备，是输送登陆士兵、坦克、车辆以及作战物资的直接登陆军舰。

登陆舰，远远看上去，就像浮在水面上的大"铁箱"。它设有从舰首到舰尾纵向贯通的坦克、车辆及作战物资大舱。舱内的坦克、车辆等可以通过舰首大门、吊桥或数个漂箱在海滩直接登陆，参加作战。登陆舰能够为登陆夺得胜利提供强大的后盾支持。

一般认为登陆舰艇的最初形态是俄国黑海舰队1916年使用的一艘称作"埃尔皮迪福尔"的船只。这是一种平底货船，它吃水很浅，排水量100~1300吨，适于运送登陆部队抵达海滩实施登陆作战。

世界上真正的第一艘登陆舰，是英国在第二次世界大战初期用油船改装而成的。

1940 年，英国建造了首批 LST1 级大型登陆舰。此后，其他一些国家也陆续建造了大量登陆舰。

海神之子级船坞登陆舰，是英国在 1996 年开始研制的一款新型登陆舰，当时英国海军的两栖部队是以无畏级两栖船坞登陆舰为核心，以六艘贝笛佛爵士级两栖运输舰为辅助，它们曾经征战过南大西洋，战绩斐然。

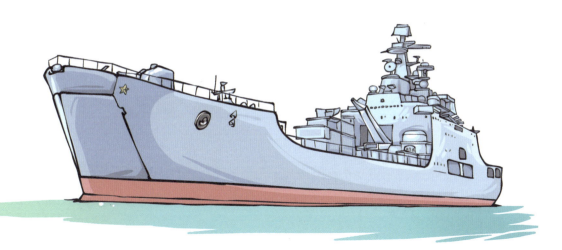

伊万·罗戈夫级坦克登陆舰，于1978年首舰服役。苏联共建造了3艘该级登陆舰，第四艘舰刚刚开建没多久，苏联便解体了，此舰遂告废弃。

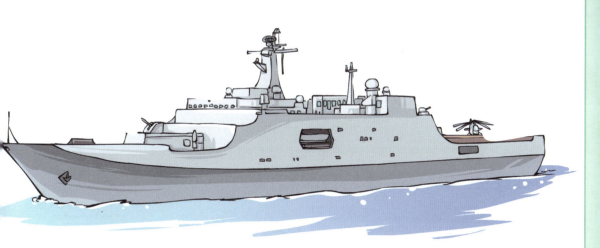

昆仑山级两栖船坞登陆舰，为中国人民解放军海军071型两栖登陆舰首舰，舷号998，于2007年11月30日服役于南海舰队，可以运输士兵、步兵战车、主战坦克等，也可搭载两栖车辆，设有可供中型直升机起降的甲板平台。

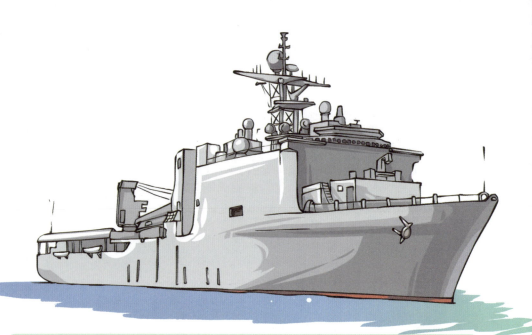

惠德贝岛级船坞登陆舰，是美国海军新建的一级两栖船坞登陆舰，首舰从 1985 年开始服役，该级舰共 8 艘，至今仍在服役。其主要任务是运送两栖登陆作战兵力。1990 年底，首制舰惠德贝岛号就被派往海湾执行任务。

## 两栖攻击舰

两栖攻击舰，又称两栖突击舰，所谓两栖就是指该舰能够搭载飞机和运输坦克、登陆部队等陆战力量，所以它的内部设计异于航母，设有很多空间用于装备登陆的坦克、部队等急需战备物资。

两栖攻击舰，是一种用来在敌方沿海地区进行两栖作战时，在战线后方提供空中与水面支援的军舰，可以提供舰载机的起飞和降落，在海军中的地位仅次于航空母舰。

西北风级两栖攻击舰，是法国海军现役中最新的一种两栖攻击舰。它的甲板上共有6个直升机起降点，能够运输不同种类的直升机，还配有光学升降辅助系统。除了具有攻击舰的用途外，它还能为海军的两栖远洋作战运输部队。

美国建造第一代两栖攻击舰硫黄岛级，于1958年设计建造，1961年正式服役。是世界上首款专为两栖垂直攻击作战而设计建造的战舰。可运载20多架直升机或短距离垂直起降的战斗机。直升机可运输登陆兵、车辆和作战物资。

孤独号两栖攻击舰，为独岛级两栖攻击舰首舰，是韩国海军第一艘全通甲板式两栖攻击舰，于 2005 年 7 月 12 日下水，2007 年 7 月 3 日服役。它采用直通式甲板，可起降直升机或垂直起降战斗机，还能够在全球任何水域活动。

海洋号直升机两栖攻击舰，是英国海军新型战舰，该舰于1994年5月开工建造，1995年10月下水，1999年3月服役。舰长203米，航速每小时38千米。主要负责攻击任务，但船上的固定式武器比较简单。

航空母舰，简称"航母""空母"，它是一种以舰载机为主要作战武器的大型水面舰艇。船体上通常有巨大的甲板和坐落于右侧的舰岛。航空母舰可以提供空中掩护和远程打击，是现代海军不可或缺的利器，也成为了一个国家综合国力的象征。

从动力上区分，航空母舰可以分为常规动力航空母舰，如美国的小鹰号；核动力航空母舰，如企业号与尼米兹号。

小鹰号航空母舰，是美国海军隶下的一型常规动力航空母舰，是美国海军小鹰级航空母舰的首舰。它在福莱斯特级航空母舰的基础上发展而来，其主要任务是用舰载机对水面、空中和陆上目标进行攻击作战。

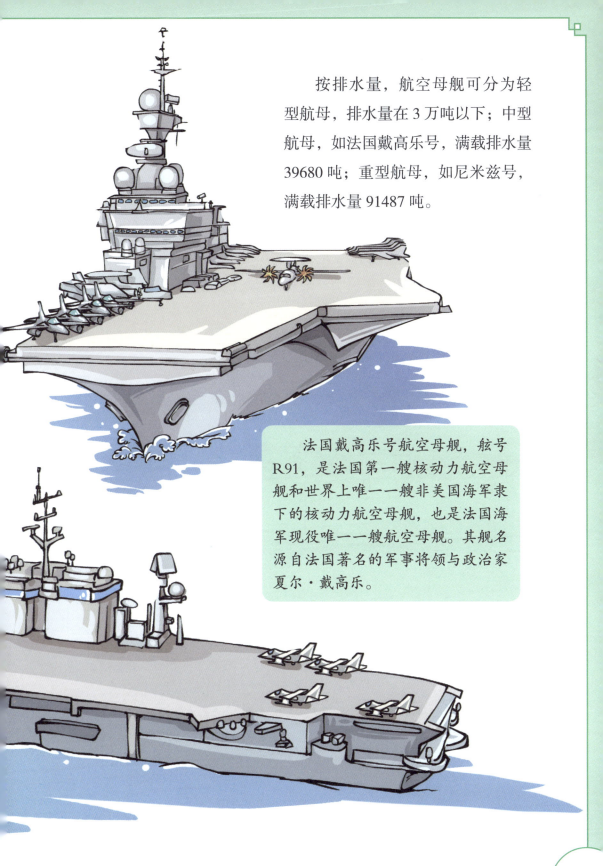

按排水量，航空母舰可分为轻型航母，排水量在 3 万吨以下；中型航母，如法国戴高乐号，满载排水量 39680 吨；重型航母，如尼米兹号，满载排水量 91487 吨。

法国戴高乐号航空母舰，舷号 R91，是法国第一艘核动力航空母舰和世界上唯一一艘非美国海军隶下的核动力航空母舰，也是法国海军现役唯一一艘航空母舰。其舰名源自法国著名的军事将领与政治家夏尔·戴高乐。

## 航母常规动力与核动力的区别

常规动力，使用柴油和汽油作动力；核动力，使用浓缩铀作动力。使用常规动力的航空母舰补给一次燃料，只能运行几个月；核动力航空母舰补给一次，能连续行驶几十年。

核动力航母启动时间非常短，因为核反应堆基本不关闭，可以随时启动。而采用蒸汽轮机动力的航母就不行，需要先烧锅炉预热，之后才能产生足够的蒸汽驱动发电机。

常规动力航母的续航能力一般在 1.5~2.7 万千米，而核动力航母是常规动力航母的续航能力的 50 倍。

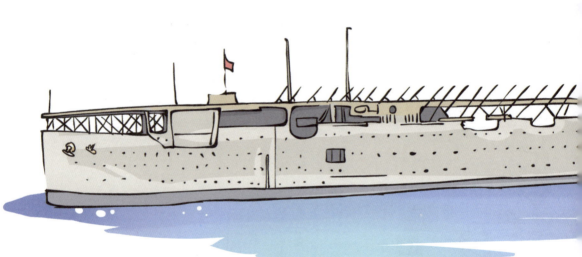

世界上第一艘航空母舰百眼巨人号于 1918 年 5 月完工，同年 9 月 16 日正式编入英国皇家海军，可以搭载 18 架飞机。它的诞生标志着世界海上力量发生了从制海到制空、制海相结合的一次革命性变化。

企业号是世界上第一艘核动力航空母舰，它长342米，宽40.5米，速度为62.2千米每小时，可以载机90架，舰员5828人，从1961年一直服役到2006年。

库兹涅佐夫号航空母舰是俄罗斯现役最新型的航空母舰，于1991年开始服役。库兹涅佐夫号相比于美国的超级航母要小，却承载着相当强大的进攻性武器。该舰长度为305米，舰载机有40架飞机。在世界航母中排名第三。

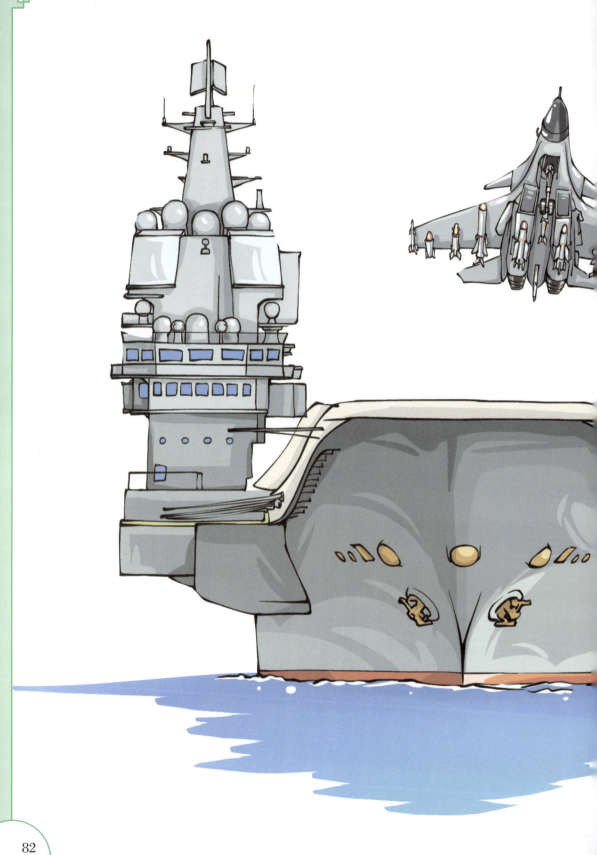

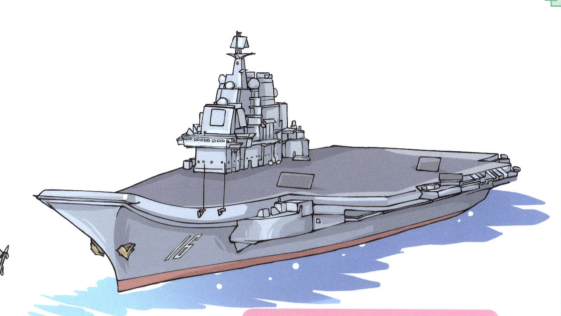

　　中国首艘航空母舰，是辽宁号航空母舰。于2005年4月26日开始，由中国海军对苏联海军瓦良格号继续建造而成。于2012年9月25日正式更名为辽宁号，并交付中国人民解放军海军使用。

　　中国海军第二艘航空母舰——山东号，也是第一艘国产航母，2013年11月开工，2015年3月开始坞内建造，2017年4月26日在大连下水，并于2019年12月17日下午4时许，在海南三亚某军港交付海军。

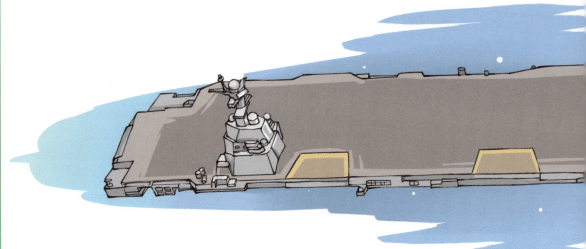

福特级航空母舰是美国海军最新的次世代超级航空母舰，也是美军的第三代核动力航空母舰。福特级将于2015年交付美国海军。它长度为335米，舰载机85架飞机。福特级航母将成为整个21世纪中，美国海军力量的中流砥柱。

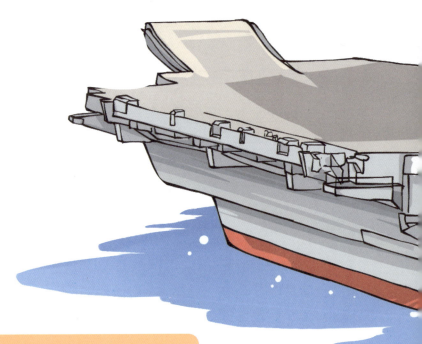

伊丽莎白女王级航空母舰是英国皇家海军最新型的航空母舰，长度为284米。

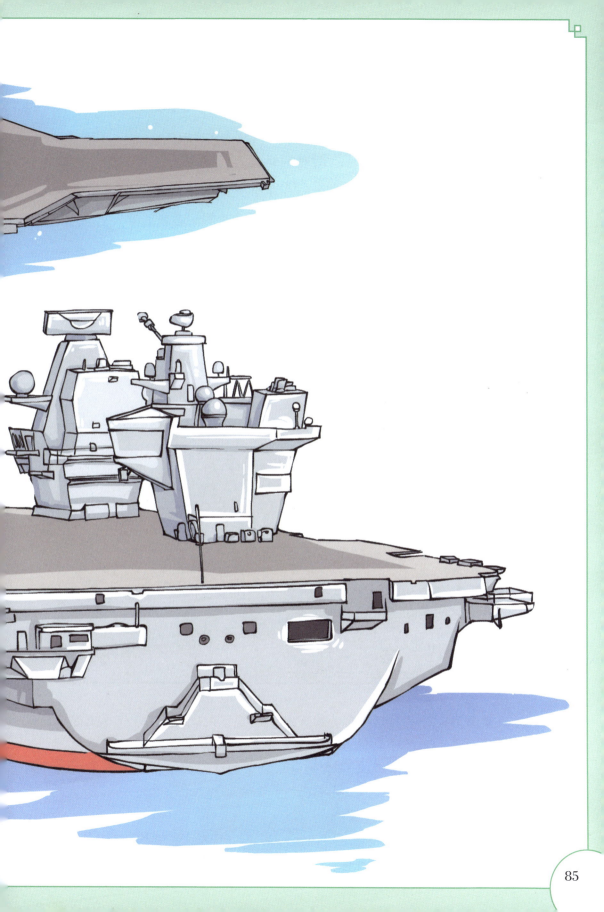

# 二、从玻璃容器到潜艇

潜艇，是潜水艇的简称。潜艇通常装有常规动力装置或核动力装置，比水面舰艇还要先进。它可以在水面上航行，也可以在水面下半潜伏状态下游弋，还能在水下潜伏前进，神出鬼没。潜艇能够发射鱼雷、水雷、各种导弹等武器。

## 💬 潜水用的玻璃容器

潜艇的历史十分久远，最早可以追溯到 2000 多年前。当时的罗马国王亚历山大有一天好奇心大发，下令让工匠制造一个能够沉入海底的玻璃容器，用来观看水底的景象及水生生物。

亚历山大，马其顿王国（亚历山大帝国）国王，世界古代史上著名的军事家和政治家。他在担任马其顿国王的短短 13 年中，以其雄才大略，东征西讨，先是确立了在全希腊的统治地位，后又灭亡了波斯帝国。他对海底之谜也感兴趣。

对于潜艇文字的最早记载，是意大利人伦纳德在公元 1500 年提出的"水下航行船体结构"的理论。1578 年，英国人威廉·伯恩出版了一本有关潜艇的著作——《发明与设计》，其中首次提到了潜艇。

1620 年，荷兰物理科学家尼利斯·德雷尔成功地制造出人类历史上第一艘潜水船，这艘"潜艇"为木质结构，外表覆盖涂有油脂的牛皮，船内装有作为压载水舱的羊皮囊。"潜艇"由 12 名水手划桨驱动，曾多次在泰晤士河中下潜，最大潜水深度可达 5 米。德雷尔因这个发明，被称为潜艇之父。

人们已经找不到尼利斯·德雷尔所制造的潜水艇了，但根据相关资料，有人绘出了尼利斯·德雷尔发明的潜艇的设计图。

经过 2 个多世纪的努力，科学家终于使潜艇得到了不断发展，设计出了许多潜艇家族的佼佼者。

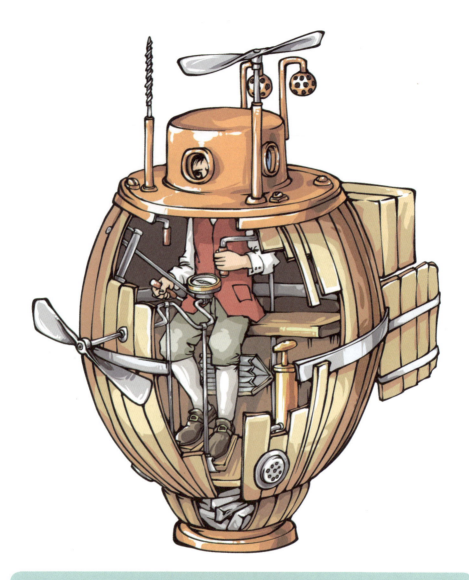

1776 年，美国人戴维特·布什内尔制造出的海龟号潜艇，在水下只能通过水平和垂直方向上的两架人力驱动的螺旋桨来推进。"海龟"上设计了一块 90 千克重的压舱铁块，紧急时刻抛掉这个铁块，就可以快速上浮。

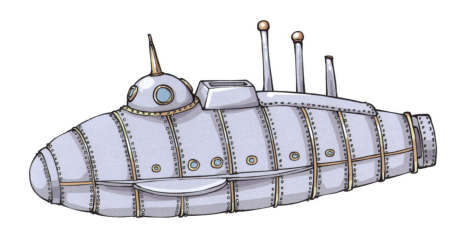

1800 年由罗伯特·富尔顿设计的鹦鹉螺号潜艇下水。它为铁框架铜外壳，艇长 6.89 米，最大直径 3 米，形如雪茄，艇中央有指挥塔，外观上已接近现代潜艇。当测试时，潜艇在 25 英尺深的水下航行了 17 分钟。

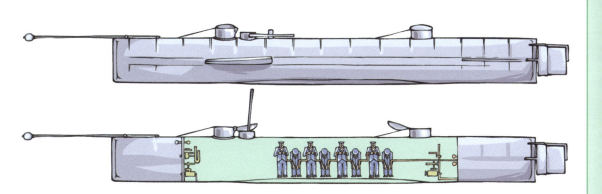

第一艘击沉敌方军舰的潜艇——亨利号，由一台铁锅炉改装而成，长 18.29 米，可容纳 8 名艇员。1864 年 2 月 17 日，美国内战时，亨利号潜艇使用"杆雷"，帮助南方邦联海军击沉了北方联邦海军豪萨托尼克号风帆战舰。

### 现代的潜艇

潜艇的发展早期，一直用人力做动力，拨桨推进，这极大地限制了潜艇的发展。随着蒸汽动力的出现，机械动力的设想才开始逐渐变得现实起来。

在第一次世界大战中，潜艇作为新生力量发挥了重要作用。战后，世界各国更加重视潜艇的发展。到第二次世界大战爆发时，各参战国共拥有九百余艘潜艇。各国不断改进潜艇制造技术，并尝试把核能安装到潜艇上，于是，核潜艇就这样诞生了。

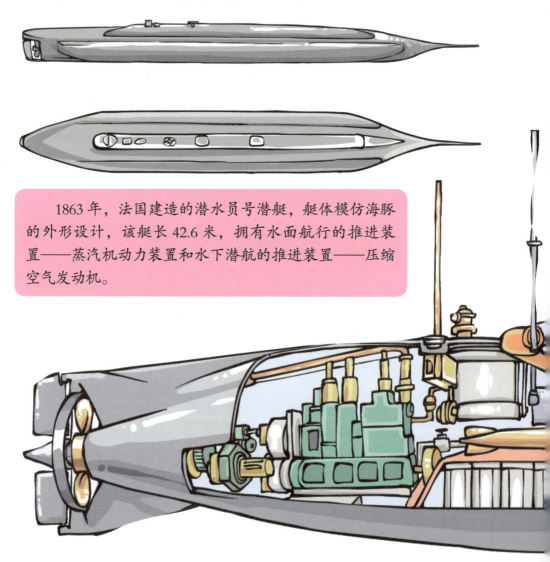

1863 年，法国建造的潜水员号潜艇，艇体模仿海豚的外形设计，该艇长 42.6 米，拥有水面航行的推进装置——蒸汽机动力装置和水下潜航的推进装置——压缩空气发动机。

1897 年，美国霍兰号潜艇建成。它全长 16.18 米，舰宽 6.78 米，动力是汽油发动机和以蓄电池为主的电动机，续航 1852 千米，水上航速为每小时 12.9 千米，水下航速为每小时 9 千米，是现代潜艇的鼻祖。

1893 年，长约 45.7 米、排水量为 266 吨的古斯塔夫·齐德号潜艇在法国下水了。它采用电动机带动螺旋桨推动。在当时各国所制造的潜艇中，它是最先进的一艘。

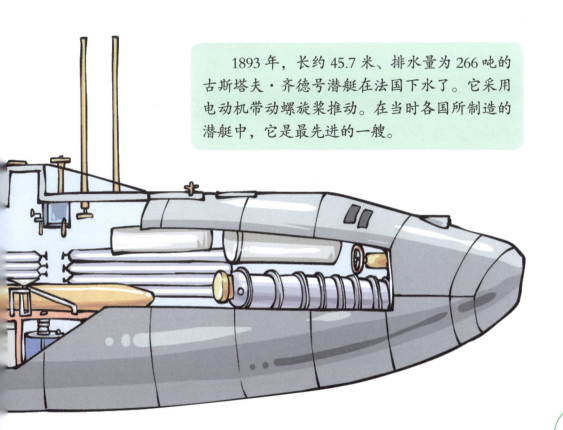

菜克在 1897 年建成亚古尔号潜艇，使用汽油机和一部电动机作动力，专门设置了可以伸出水面的吸气和排烟管为汽油机服务。1898 年，亚古尔号依靠自身动力，从诺福克航行到纽约，成为历史上第一艘在公海远航的潜艇。

美国鹦鹉螺号核潜艇，是世界上第一艘核动力驱动的潜艇，于 1954 年下水。可在最大航速下连续航行 50 天、行程 3 万千米而不需要加任何燃料。为了纪念 1801 年美国人罗伯特·富尔顿建造的鹦鹉螺号潜艇而将它也命名为鹦鹉螺。

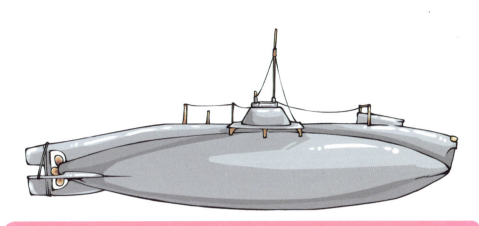

英国皇家海军购买的荷兰1号潜艇，艇长16.3米，舰宽3.1米，用汽油发动机做动力，航速约每小时14千米。在1901年10月2日下水，1913年沉没，打捞上来之后放置在英国戈斯波特的潜艇博物馆。

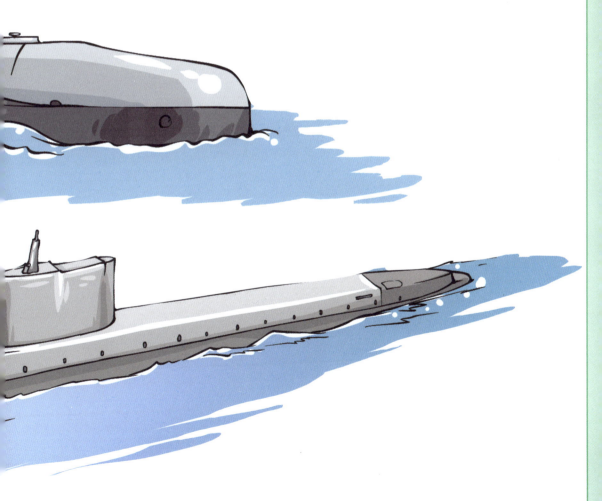

自从美国鹦鹉螺号核潜艇问世之后，苏联、英国、法国和中国相继制造出了本国的核潜艇。

1958年7月1日，列宁共青团号服役，它是前苏联首艘核潜艇。是苏联第一级攻击核潜艇N级的首艇，并于1989年退役。

1963年4月17日，英国皇家海军无畏号核潜艇正式服役。这艘潜艇继承了1906年服役的全世界第一艘单一口径主炮的无畏号战列舰的舰名，成为了英国皇家海军第一艘核潜艇。1980年退役。

历时12年，2019年7月12日，法国海军新一代攻击核潜艇絮弗伦号，在法国海军集团瑟堡造船厂下水。艇体全长99米，动力系统采用核能—电力推进。于2020年初试航，于2020年秋季前加入战斗序列。

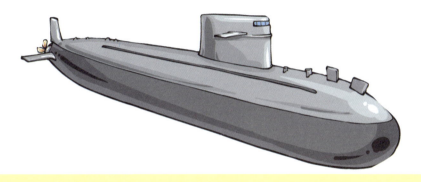

中国海军第一艘核潜艇为 091 型攻击核潜艇长征 1 号。于 1970 年 12 月 26 日下水，1974 年 8 月 1 日服役。标志着中国成为世界上第五个拥有核潜艇的国家。2016 年 10 月，经过彻底的去核化处理，长征 1 号核潜艇正式退役，驻中国海军博物馆。

### 潜水艇的沉浮原理

任何物体浸在液体中都会受到一个向上托起的力，这就是浮力，浮力的大小等于物体本身所排开液体的重量。当物体的重量大于浮力时，物体就会下沉；物体的重量小于浮力时就会上浮；物体的重量等于浮力时，就会悬停在液体中。

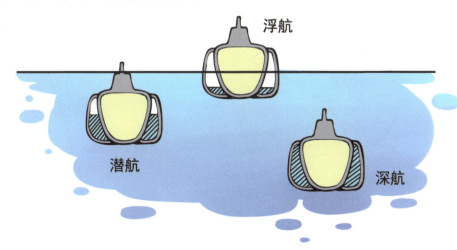

潜艇设置有压水舱的装置，当潜艇需要下潜时，就往压水舱里注水，潜艇就会因为自身的重量大于浮力而下沉；当潜艇要上浮时，就要把压水舱里的水排掉，这时，潜艇受到的浮力大于它自身的重量，就会上浮。

# 三、从大木质球到潜水器

茫茫大海，波涛起伏，无边无际，有时候风平浪静，十分怡人，有时候，波浪滔天，又很吓人。这让人不免出现这样的联想：这深不可测的大海，到底有多深？水下有什么宝藏呀？在最深的海底难道真有龙宫吗？真像人们传说的那样，"山有多高，海就有多深"吗？

这些问题，促使人们开始向海底探索，期望揭开海底的神秘面纱，从而导致潜水活动的兴起。

好奇心促使着人们大胆想象，并由想象中变为行动，亲自动身去探索，将问号变成句号。于是，我们的祖先开始了对海底深处的探索，几经探索，发明了深潜器。

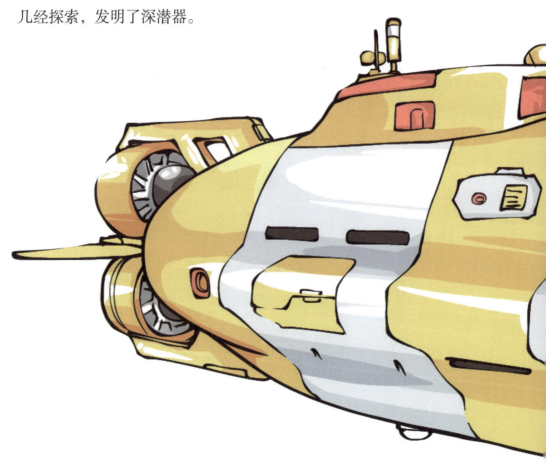

深潜器，是具有水下观察和作业能力的活动深潜水装置。主要用来执行水下考察、海底勘探、海底开发、打捞、救生等任务，并可以作为潜水员活动的水下作业基地。可见，深潜器的作用不可小觑。

如今的深潜器，种类繁多，作用也非同小可，为海洋科学研究立下了汗马功劳。

## 古代的潜水器

早在 2800 年前，米索不达文化的全盛时期，阿兹里亚帝国的士兵，曾用羊皮袋充满空气，潜入水里攻击敌方的船底，据说这就是潜水活动的起源。

据历史记载，我国早在 2700 年以前的周代（公元前十世纪到公元前二世纪）就已经有潜水捕捞的技术，这是人类历史上有关潜水和潜水技术的最早记录。

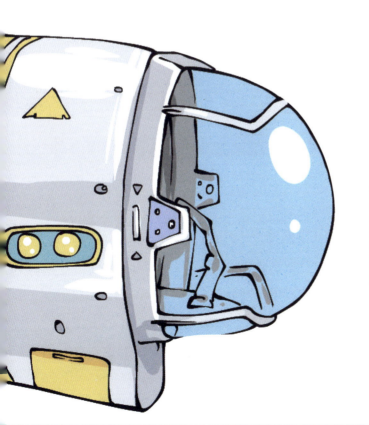

海底到底是什么样子的？只有到海底去观察，才能揭开海底世界的真面貌。

公元 1637 年出版的《天工开物》中，记载潜水员在水下工作的场景。潜水员身着皮质紧身衣，靠一根长长的管子通出水面用来呼吸，脚上有薄皮如鸭掌。这套装备和现代潜水装备极为相似。

距今 1700 年前的中国史书《魏志·倭人传》中，也有海边渔夫在海里潜水捕鱼的场面描写，也就是说，中国可是世界上最早开始"玩"潜水的国家。

最早记录关于潜水应用于战争场景的应属《续资治通鉴》了。它记载了元末明初的一场军事行动中潜水。潜水被人们重视起来。

在科技不发达的古代，采珠算是极危险的工作。在没有任何保护工具的情况下，采珠人潜水的时间长短，完全取决于潜水员个人屏住呼吸时间的长短，以及体力和勇气。

## 现代的潜水器

古代的潜水器，已经远远不能满足人们探索海洋深处的需要了。

潜艇极大地开阔了人类的视野，那层深深的海水似乎开始慢慢变"浅"，深海底的迷雾被人类逐渐揭开。然而，潜艇的下潜深度非常有限，极限工作深度只有几百米，想要下潜到海洋的更深处，潜艇远远不能帮助人们达到此目的，于是，专门的深潜器，或者说是现代化深潜器被人们发明出来。

1903 年，皮诺把自己设计的用于勘探洋底和打捞深海沉宝的新装置进行实地测验取得了成功。他设计的潜水球近似橄榄，用铁索吊着，里面可以容纳两个人。皮诺曾经驾着这一新装置，在意大利近海多次潜入 130 米深的海底。

图中为贝比（左）和巴顿。机械发明家奥蒂斯·巴顿设计了深海潜水球，他与贝比一起参加了这艘潜水器所完成的所有载人航行，其中包括它的最深潜水——1934 年 8 月 15 日，潜水深度达 923 米，这是人类之前没有到达过的深度。

用铁索悬挂潜水球有很大的风险，鲨鱼等鱼类很可能咬断铁索，造成危险。因此，下潜需要很大的勇气和献身精神。

1948 年 10 月 26 日，奥古斯特对自己研制的深潜器改进潜水试验终于开始了。

1953 年 8 月 30 日，奥古斯特创造了 3150 米的深潜纪录。

1959 年 11 月 15 日，奥古斯特的儿子雅克和另一位动物学家，在新的潜水器的里雅斯特号里进行第一次下潜，一举创造了下潜 5500 米的新纪录。之后，雅克乘坐的里雅斯特号深潜器继续下潜，深度达到 10916 米，几乎到达海底最深处！

1884 年出生在瑞士的奥古斯特·皮卡德教授。1932 年 8 月 18 日，他和助手在从苏黎世起飞的一次飞行中，利用氢气球和封闭舱，达到了创纪录的 1.62 万米高空。后来，他还创下了深潜纪录。

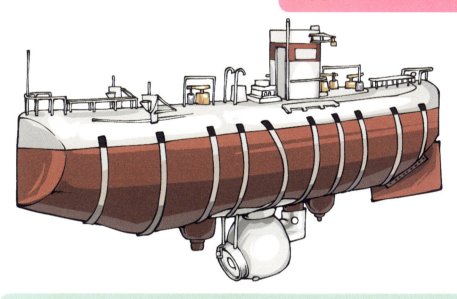

1960 年 1 月 23 日上午 8 点 23 分，奥古斯特的儿子雅克和助手，乘坐的里雅斯特号深潜器，潜到了世界最深的马里亚纳海沟沟底，创造了 10916 米的深潜纪录！

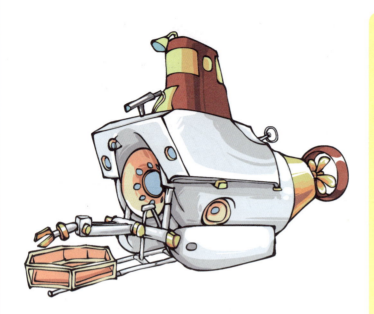

阿尔文号载人深潜器，于1964年6月5日下水，最深可下潜到1868米处。1972年，阿尔文载人圆形壳体换上新的钛金属壳体，将下潜深度提高到了3658米。1978年它下潜到了4000米深处，1994年到达4500米。迄今阿尔文号载人深潜器已完成了5000次下潜。

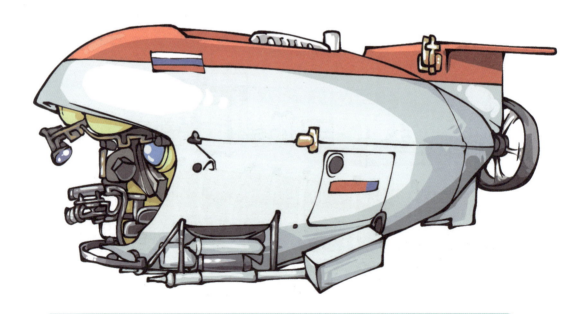

法国研制的鹦鹉螺号深潜器。1985年法国研制的鹦鹉螺号深潜器，最大下潜深度可以达到6000米，目前下潜次数达到1500次，完成过多金属结合区域、海底生态链、沉船、有害化学废料等的搜索调查。

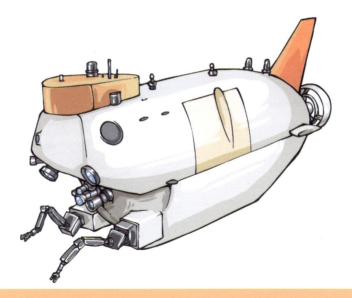

日本 1989 年建成了下潜深度为 6500 米的深海 6500 潜水器，水下作业时间 8 小时，曾下潜到 6527 米深的海底，它的下潜次数超过 1000 次，为科学家对海洋斜坡大断层、地震、海啸等进行研究做出了贡献。

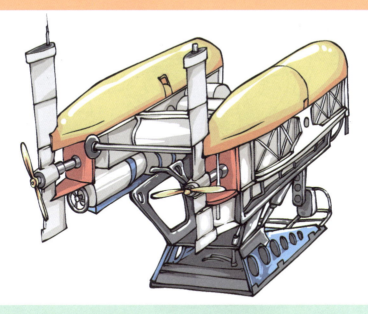

美国海神号无人潜水器，于 2008 年制造，是一种混合了遥控潜水器和自主水下载具的深海潜水器，并在 2009 年首次试航。2009 年，它探测了深约 11000 米的太平洋马里亚纳海沟挑战者深渊，于 2014 年 5 月 10 日在水下 9990 米深处失踪。

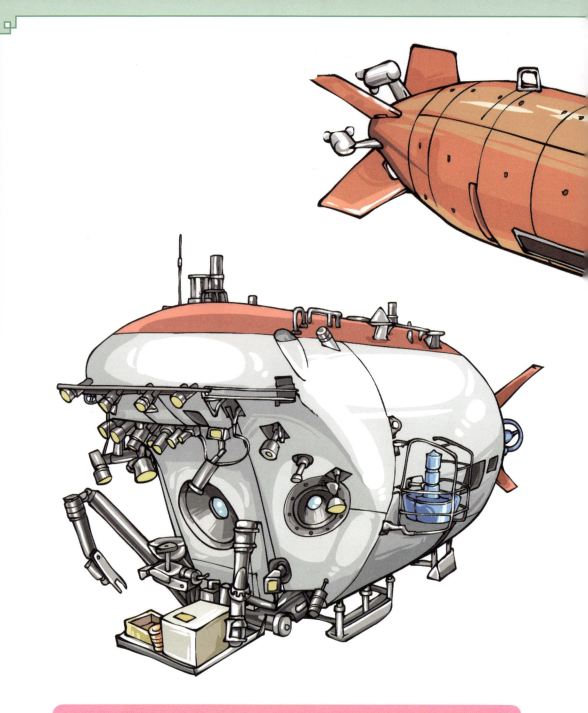

蛟龙号载人潜水器是一艘中国自行设计、自主集成研制的载人潜水器。2010 年 5~7 月，蛟龙号载人潜水器在中国南海中进行了多次下潜任务，最大下潜深度达到了 7020 米，也是目前世界上下潜能力最强的作业型载人潜水器之一。

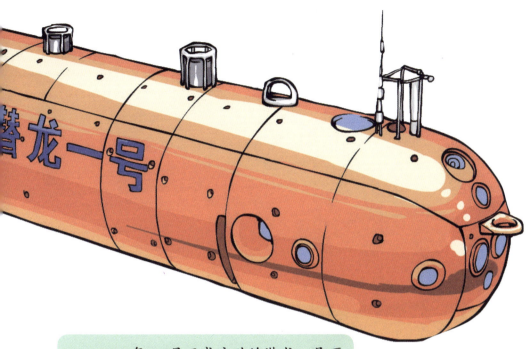

　　2011年11月正式启动的潜龙一号项目，它是我国自主研制的首个6000米水下无人无缆潜器。2013年3月完成湖上试验及湖试验收，5月搭乘海洋六号船在南海进行首次海试。至今已累计完成7次下潜。

　　载人潜水器，是指具有水下观察和作业能力的潜水装置，主要用来执行水下考察、海底勘探、海底开发和打捞、救生等任务，并可以作为潜水人员水下活动的作业基地。

　　载人潜水器，特别是深海载人潜水器，是海洋开发的前沿与制高点之一，其设计、制造水平可以体现出一个国家在材料、控制、海洋学等领域的综合科技实力。载人潜水器可以完成多种复杂任务，包括通过摄像、照相等对海底资源进行勘查，执行水下设备定点布放，海底电缆和管道检测等。

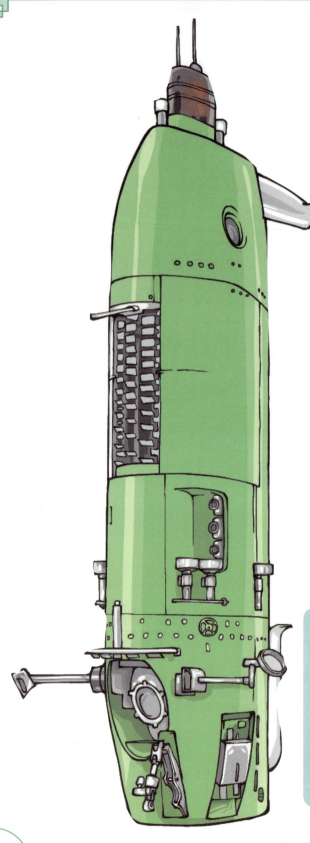

　　深海挑战者号，是一艘由澳大利亚工程师打造、仅能容纳 1 人的深潜器。该潜水器安装有多个摄像头，可以进行全程 3D 摄像。该深潜器的行进路线被设计成"直上直下"——它一头扎向海沟底部，然后直直地上升。

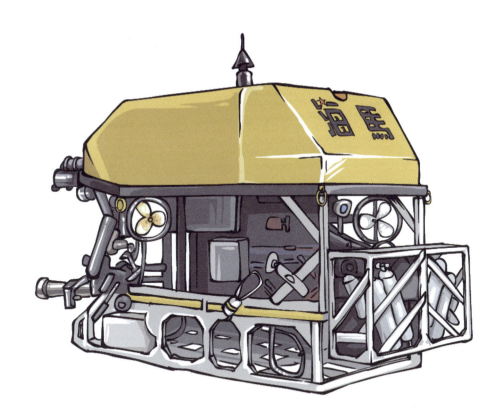

　　2014 年 2 月，中国自主研制的首台 4500 米级深海无人遥控潜水器海马号成功海试。这是我国深海高技术领域继蛟龙号之后的又一标志性成果，标志着我国掌握了大深度无人遥控潜水器的关键技术。

　　海斗一号深潜机器人，最大潜深达到 10767 米，成为我国首台下潜深度超过万米并完成科考应用的水下机器人。它在全球海洋最深处马里亚纳海沟进行了测试，潜深达到了 10908 米！

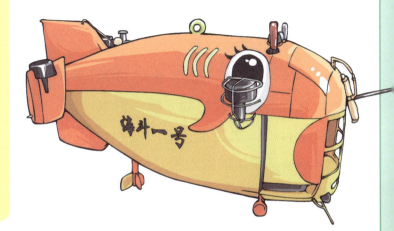

## 潜水器为什么要抗高压

潜水器要下潜到水下活动，所以潜水器的外壳一定要承受相当的压力，尤其是载人潜水器，外壳的性能安全至关重要。这是因为随着潜水器下潜深度的增加，其受到海水的压力也会不断增大，一旦压力超过潜水器外壳的承受极限，就会被压碎，造成危险。

## 潜水钟

据说，公元前4世纪时，马其顿国王亚历山大大帝曾乘坐一个玻璃制成的大桶，潜入大海里进行观察，还看见过一只大海怪。从那以后，人们开始以科学方法观察海洋。

最早的关于潜水钟记录是1538年，西班牙托利多两个潜水员进行的一次潜水钟下潜实验。早期略具规模的潜水钟开口在下，由上部的管子从海面上将空气送进来。

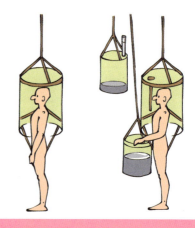

当时发明的潜水钟。人站在"钟"下作业，呼吸"钟"内的空气，采集到水下产品放到身边的桶里，满了可以拉上去。因"钟"内的空气有限，活动的时间不能太长。

第一只可容纳一人以上并有实用坐标的潜水钟，是 1691 年由英国天文学家埃德蒙多·哈雷发明的。在一个圆锥型空木桶的外面包上铅，能垂直下沉。潜水钟上装有玻璃窗，空气由挂在潜水钟下方的箍铅木桶补充。因贮气木桶内压力较大，空气可输入潜水钟内。哈雷说，他与同事在钟内潜至 18 米深的海水处，停留了 1.5 小时。后来，英国工程师斯米顿又对此进行改良，改用水面的气泵供应空气。

埃德蒙多·哈雷（1656.11.8—1742.1.14），英国天文学家。他把牛顿定律应用到彗星运动上，正确预言了那颗现被称为"哈雷"的彗星作回归运动的事实。他还对潜水钟独有研究。

潜水钟是一种无动力单人潜水运载器。由于早期的潜水钟是由一个底部开口的容器，外形与钟相似，因此而得名。

现代潜水钟的设计较为复杂，外形近乎圆球状，主要用于水下建筑工程和海上钻油台的维修工作，有时也用于船难救援。潜水钟里面备有一套输送氧和氦的装置供潜水员呼吸，可保证潜水员长时间在水下获得氧气。

早期的潜水钟，人站在钟下活动，呼吸着罩内的口气。

19世纪的木制潜水钟，可用管子向水下人输气，过去被限制于憋住一口气的潜水历史结束了。潜水钟的出现，使深潜有了巨大的飞跃。

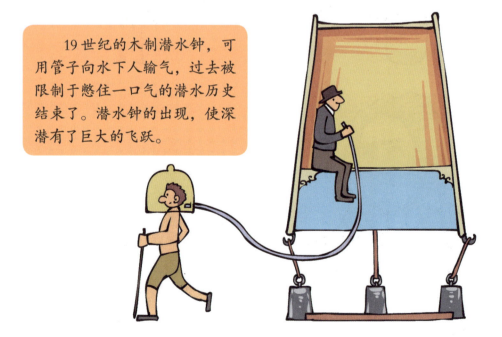

### 潜水钟的原理

我们把一个空玻璃杯子口向下垂直压入水盆的水中浸没，就可以发现杯子里水上升了部分，但杯子底部还有部分空气。这是因为在大气压的作用下，有部分水被压到杯子里，这时杯子里的空气的压强变大，外界的水就不能再进入到杯子里了。

潜水钟就像一只倒扣在水中的玻璃杯子一样，里面的空气跑不掉，可以供潜水员在水下呼吸。但因为潜水钟内的空气有限，所以潜水员不能长时间逗留在水中。

如果再用一根管子向潜水钟里压入空气，潜水员就可以呼吸到新鲜空气，可以继续在水下作业。

潜水钟一般是依靠自身重量下沉的，它本身无法上浮，要靠水面船舶上的绞车或岸上的吊车的帮助，把它从水下吊上来。

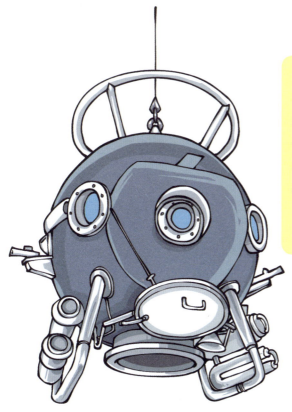

现代潜水钟，又称潜水减压室。利用现代潜水钟接送潜水员进出水下工作场所，像升降机一样方便。它里面备有一套输送氧和氦的装置供潜水员呼吸，可供应潜水员在水面下 180 米深处每天工作 6 小时，持续一周。